Hernandes Dias Lopes

NAUM E SOFONIAS
Justiça e graça

© 2019 Hernandes Dias Lopes

Revisão
Andrea Filatro
Josemar de Souza Pinto

Capa
Hagnos

Diagramação
Catia Soderi

Editor
Aldo Menezes

1ª edição: junho de 2019
2ª reimpressão: janeiro de 2021

Coordenador de produção
Mauro W. Terrengui

Impressão e acabamento
Imprensa da Fé

Todos os direitos desta edição reservados para:
Editora Hagnos Ltda.
Av. Jacinto Júlio, 27
04815-160 - São Paulo, SP - Tel./Fax: (11) 5668-5668
hagnos@hagnos.com.br - www.hagnos.com.br

Dados Internacionais de Catalogação na Publicação (CIP)
Angélica Ilacqua CRB-8/7057

Lopes, Hernandes Dias
   Naum e Sofonias: justiça e graça / Hernandes Dias Lopes. — São Paulo: Hagnos, 2019. (Comentários Expositivos Hagnos)

ISBN 978-85-7742-252-4

1. Bíblia A.T. Naum – Comentários 2. Bíblia A.T. Sofonias - Comentários I. Título

19-0285   CDD-224.907

Índices para catálogo sistemático:
1. Naum e Sofonias – Comentários

Editora associada à:

Dedicatória

DEDICO ESTE LIVRO ao reverendo José João Mesquita, ministro presbiteriano, pastor da Igreja Presbiteriana de Manaus por longos anos, homem piedoso, pastor de almas, consolador dos santos, amigo precioso, servo do Altíssimo.

Sumário

Prefácio   7

NAUM

1. Introdução ao livro de Naum   11

2. Deus é o refúgio do Seu povo e o terror dos Seus inimigos   27
   (Na 1.1-15)

3. O julgamento divino contra a cidade de Nínive   45
   (Na 2.1-13)

4. A destruição completa de Nínive   53
   (Na 3.1-19)

SOFONIAS

1. Introdução ao livro de Sofonias   67

2. O justo julgamento divino   79
   (Sf 1.1-6)

3. O terrível Dia do Senhor   91
   (Sf 1.17,18)

4. Chamado ao arrependimento e anúncio do juízo   105
   (Sf 2.1-15)

5. Deus julga os rebeldes do Seu próprio povo   117
(Sf 3.1-8)

6. Deus purifica o Seu remanescente   125
(Sf 3.9-13)

7. Deus tem prazer em Seu povo   131
(Sf 3.14-20)

Prefácio

Tenho imensa alegria de entregar aos nossos leitores mais uma obra. Trata-se do comentário expositivo dos livros de Naum e Sofonias. Ambos são chamados de profetas menores. Menores não pela sua relevância, mas pela quantidade de seus registros. Esses dois livros trazem uma mensagem solene para a igreja atual. Também erguem um brado de alerta às nações. Deus não Se interessa apenas pelas coisas religiosas. Não está limitado apenas aos templos. Ele governa as nações e está atento aos relacionamentos internacionais. Ele é o Deus da justiça que não deixará impunes aqueles que, deliberadamente, acionam o braço de ferro da opressão. Onde a injustiça grassa, sopita a maldade. Onde o ódio arde com fogo consumidor, a violência corre célere. Onde o ser humano é massacrado impiedosamente e seus bens são pilhados de forma injusta e cruel, o desgosto e o juízo de Deus tornam-se evidentes.

Naum retrata a justiça de Deus em ação. Deixa meridianamente claro que nenhuma pessoa ou nação peca contra Deus e o próximo impunemente, sem sofrer as consequências de sua maldade. A lei da semeadura e da colheita é universal. É impossível plantar injustiça e colher justiça. É impossível semear ódio e ceifar amor. É impossível agir com crueldade e ser tratado com misericórdia. Nínive oprimiu os povos e agora será oprimida. Pilhou as nações e agora será saqueada. Passou a fio de espada multidões sem conta e agora está sofrendo o mesmo infortúnio.

Sofonias, por sua vez, fala a respeito do grande Dia do Senhor, quando Ele derramará Sua justa ira sobre toda a face da terra. O profeta menciona uma devastação tão ampla como o dilúvio. Embora trate dos juízos que cairão sobre Judá e as nações daquele tempo, usa esses acontecimentos trágicos para ilustrar o que será o grande dia do juízo. Esse dia será terrível e se apressa. É inescapável e dele ninguém poderá se esconder.

Sofonias esquadrinha os pecados de Judá e de Jerusalém, sem deixar de apontar os pecados das nações ao redor. Como o juízo começa pela casa de Deus (1Pe 4.17), o profeta deixa claro que os pecados do povo de Deus são ainda mais graves do que os pecados dos povos pagãos, pois o povo de Deus peca mesmo sendo conhecedor da verdade. Os pecados do povo de Deus são mais graves, mais hipócritas e mais danosos do que os pecados das outras pessoas. Mais graves porque o povo peca contra um maior conhecimento; mais hipócritas porque o povo de Deus tenta esconder seu pecado sob o verniz da religiosidade hipócrita; e mais danosos porque, quando o povo de Deus, que deveria ser luz para as nações, está imerso em densas trevas, as consequências desse pecado são mais graves.

Sofonias começa o livro anunciando uma tragédia universal, mas termina sua profecia com uma palavra de esperança para os povos, mostrando o plano de Deus de chamar dentre as nações um remanescente, ao qual estenderá Sua graça salvadora e no qual Se deleitará por toda a eternidade.

Rogo a Deus que a leitura desta obra conduza você ao arrependimento, desperte sua consciência para temer ao Senhor e encha sua alma de uma santa alegria em Cristo Jesus, o Rei da glória, que virá em breve para resgatar a igreja, a Sua noiva amada!

Hernandes Dias Lopes

NAUM

Capítulo 1

Introdução ao livro de Naum

O LIVRO DE NAUM é o 34º livro do Antigo Testamento, o 7º profeta menor, contendo 3 capítulos, 47 versículos e 1.285 palavras.[1]
Jonas e Naum foram os dois profetas menores que se ocuparam exclusivamente com Nínive. Jonas, cerca de 780 a.C., e Naum, mais ou menos em 630 a.C., um distante do outro uns 150 anos. A mensagem de Jonas produziu arrependimento e Deus exerceu misericórdia; a de Naum, foi de completa condenação. Juntos, esses profetas ilustram o modo de Deus tratar com as nações: prolongando o dia da graça, mas no fim castigando-as por seus pecados.[2] Podemos afirmar que Naum é uma continuação

do livro de Jonas,[3] pois registra a condenação da capital da Assíria, que, mesmo tendo se arrependido nos dias do profeta Jonas, voltou novamente as costas para Deus, continuando na prática de seus terríveis pecados. Agora, o justo juízo de Deus é lavrado sobre a cidade sanguinária. Russell Champlin, citando Pusey, diz que a profecia de Naum tanto é um complemento quanto uma contraparte do livro de Jonas.[4]

Júlio Andrade Ferreira chega a dizer que a simples lembrança de que os reis da Caldeia tinham superado o poderio político da Assíria nos leva a perceber quão significativa era a mensagem de Naum. É uma demonstração prática de como Deus é o Senhor das nações. Pois não tinha sido a própria Assíria que conquistara Israel? Que levara em cativeiro os componentes do Reino do Norte? Não era ela que estava sofrendo, agora, nas mãos dos conquistadores do sul da Mesopotâmia? Eis a comprovação de como Deus é o Senhor das nações.[5]

Gordon Fee e Douglas Stuart dizem que, quanto aos antecedentes bíblicos e históricos do livro de Naum (2Rs 17 a 23 e 2Cr 33 e 34), três fatos devem ser observados. Primeiro, Naum profetiza enquanto a Assíria está no auge do seu poder (1.12), já tendo estabelecido sua presença no Egito com a conquista de Tebas em 663 a.C. (3.8). Segundo, a Assíria era famosa entre os antigos – aliás, os registros dos próprios reis assírios atestam isso – como o mais cruel dos conquistadores; suas traições eram lendárias e de caráter bárbaro, incluindo a destruição total dos povos conquistados, como no caso de Israel (2Rs 17.3-6,24-41). Terceiro, durante todo o período em que Naum pôde profetizar, os reis de Judá (Manassés e Josias) eram vassalos da Assíria. Isso tudo significa que a atividade profética de

Naum era politicamente incorreta de todas as formas possíveis – mas não do ponto de vista de Iavé.[6]

O autor do livro

J. Sidlow Baxter diz que quase nada se sabe sobre Naum, o profeta que faz dobrar os sinos sobre Nínive. Ele chega até nós simplesmente como Naum, o elcosita (1.1).[7] Merrill Tenney é mais enfático: "Não se sabe nada sobre o profeta Naum fora do livro que traz o seu nome".[8] Concordo com Paul Fink quando ele diz que provavelmente a identidade do profeta é obscurecida para que sua mensagem possa ser mais proeminente.[9] Já A. R. Crabtree afirma que Naum é geralmente reconhecido como um grande poeta e um fervoroso patriota.[10] Nessa mesma linha de pensamento, Paul Fink chega a dizer que Naum é o mais poético de todos os escritos proféticos e certamente o que tem o mais severo tom entre todos os profetas menores.[11]

O nome *Naum* significa "o confortador".[12] Esse nome está em estreita sintonia com a mensagem proclamada pelo profeta, a qual anunciava não apenas o juízo divino sobre a Assíria, mas também o conforto divino a Judá, poupado do cerco desse poderoso império.

O nome do profeta vincula-se a Cafarnaum, que significa literalmente "vila de Naum", ou seja, "vila de consolo". Naum procedia de Elcós. Há um amplo debate, mas nenhum consenso, sobre a verdadeira identidade de Elcós. Há três teorias em competição. Primeiro, era uma vila próxima de Cafarnaum, que mais tarde se tornou o quartel-general do ministério de Jesus. Segundo, havia outra Elcós sobre o rio Tigre, a uns 32 quilômetros de Nínive. Era identificada com Alqush, perto de Mossul, na Assíria. Se essa opção for verdadeira, Naum deve ter estado entre os israelitas cativos.

Terceiro, havia ainda outra Elcós, Beit-Jebrin, em Judá, ao sul de Jerusalém.[13] David Baker acredita que essa terceira opção, Beit-Jebrin, em Judá, é a mais provável, porque o Reino do Norte já estava em exílio quando Naum escreveu essa obra, tornando realmente improvável uma localização em Israel.[14] Não podemos precisar em qual dessas cidades ele nasceu. Concordo, entretanto, com J. Sidlow Baxter quando ele diz que de uma coisa temos certeza: Naum dirige-se a Judá (1.13,15); e a impressão deixada é que ele também escreveu em Judá.[15] Embora John MacArthur admita que as tentativas de localizar Elcós não tenham sido bem-sucedidas, deixa claro que o local onde o profeta nasceu ou onde ele estava morando não é relevante para a interpretação do livro.[16]

É digno de destaque, diz Carlos Osvaldo, que a autoria exclusiva do livro nunca tenha sido questionada até o final do século 19, quando estudiosos tentaram, sem êxito, atribuir o primeiro capítulo a um autor diferente.[17]

A época em que Naum profetizou

O livro de Naum foi inspirado por um grande evento político: a iminência da queda de Nínive e a destruição do poderoso império assírio.[18] A data em que Naum foi escrito é fácil de estabelecer, pois o livro trata da queda de duas grandes cidades: Nínive e Tebas.[19] O livro registra a queda de Tebas e profetiza a queda de Nínive. Tebas, a cidade egípcia de Nô-Amom, já havia sido conquistada em 663 a.C., por Assurbanipal, rei da Assíria (3.8-10), enquanto a queda de Nínive, profetizada por Naum, ocorreu em 612 a.C. Assim, a profecia de Naum situa-se entre a queda de Tebas em 663 a.C. e a queda de Nínive em 612 a.C.[20] As atividades proféticas de Naum se deram durante um período de cinquenta anos entre esses eventos. Isso coloca o profeta Naum no período geral dos reinos de Manassés, Amom e Josias.

Concordo com Halley quando ele diz que, como Nínive é apresentada no auge de sua glória e como suas tribulações começaram com a invasão dos citas em 626 a.C., pode ser sensato colocar essa profecia logo antes dessa invasão, digamos cerca de 630 a.C. Isso faz de Naum contemporâneo de Sofonias, que também predisse a ruína de Nínive em linguagem admiravelmente vívida (Sf 2.13-15).[21]

David Baker afirma que, dentro desse período, o momento mais impiedoso da dominação assíria sobre Judá deu-se entre 687 e 672 a.C., durante o reinado de Manassés. O jugo assírio só foi removido de Judá no reinado de Josias (640-609 a.C.).[22]

John MacArthur descreve o cenário e o contexto do livro de Naum da seguinte maneira:

> Um século depois de ter se arrependido mediante a pregação de Jonas, Nínive recaiu na idolatria, violência e arrogância (3.1-4). A Assíria estava no auge do seu poder e havia se recuperado da derrota de Senaqueribe, em Jerusalém (Is 37.36-38). Suas fronteiras se estendiam até o Egito. Pouco tempo antes, em 670 a.C., Esar-Hadom havia transferido povos conquistados para a Galileia e Samaria (2Rs 17.24; Ed 4.2), deixando a Síria e a Palestina extremamente enfraquecidas. Mas Deus usou o poder crescente de Nabopolasar, rei da Babilônia, e seu filho Nabucodonosor para derrubar Nínive em 612 a.C. A destruição da Assíria ocorreu exatamente como Deus havia profetizado.[23]

Em 626 a.C., Nabopolasar fundou uma dinastia caldeia independente na Babilônia e, com a ajuda dos medos, logo destruiu o império assírio. Não demorou para que

Nabucodonosor levasse a Babilônia a alturas que não eram alcançadas desde os dias de Hamurábi (1792-1750 a.C.). Ao olhar para esse mundo, Naum viu a mão de Deus movendo-se mais uma vez contra a Assíria. O profeta anunciou que Nínive, a capital da Assíria, logo cairia para sempre.[24]

O poder e a queda do império assírio

Nínive era a capital do império assírio. Fundada por Ninrode, logo após o dilúvio (Gn 10.11,12), a cidade foi desde o princípio rival da Babilônia: esta, na parte sul do vale do Eufrates; Nínive, na parte norte, distantes uma da outra uns 480 quilômetros.[25]

O império assírio foi fundado algum tempo antes de 3.000 a.C., por colonizadores saídos de Babel. Tiglate-Pileser I (1115-1077) fez da Assíria um grande reino. Depois de um tempo de declínio, tornou a agigantar-se novamente. Por volta de 780 a.C., em virtude da maldade reinante, Deus enviou o profeta Jonas à cidade de Nínive, para anunciar um juízo iminente sobre ela. A cidade inteira converteu-se em resposta à mensagem de Jonas. O arrependimento da cidade, porém, não foi duradouro. Sessenta anos depois, em 722 a.C., a Assíria conquistou o Reino do Norte e ainda cercou Jerusalém nos dias do rei Ezequias. Por mais de cem anos, Nínive continuou sua marcha expansionista, demonstrando seu poder militar irresistível e tornando-se, por essa razão, cada vez mais arrogante.

Merrill Tenney, escrevendo sobre esse poderoso império, afirma:

> Durante a primeira metade do sétimo século antes de Cristo, o cenário internacional foi dominado pela Assíria. Assurbanipal (669-626 a.C.) ocupou posição importante nos negócios internacionais. Ele

Introdução ao livro de Naum

conquistou o Egito no primeiro ano de seu reinado (669 a.C.) e repetiu a façanha em 663 ou 661 a.C. Alguns estudiosos aplicam a referência em Naum 3.8-10 a essa ocasião. Pouco se sabe da última parte do reinado de Assurbanipal. Seu país foi rodeado por inimigos poderosos: os citas ao norte, os medos a leste e os caldeus ao sul. O Egito havia previamente reconquistado sua independência (645 a.C.). Estava próxima a hora da queda da Assíria. Em 612 a.C. Nínive foi conquistada e destruída pelos medos e caldeus, e, em 609 a.C., o poderoso império assírio foi varrido do mapa.[26]

A Nínive maior media uns 48 quilômetros de extensão e uns 16 quilômetros de largura. Era protegida por cinco muralhas e três valas, construídas com o trabalho forçado de milhares sem conta de cativos estrangeiros. A cidade interior de Nínive, propriamente, era de uns 4.800 metros de extensão por 2.400 metros de largura. A cidade foi construída na junção do Tigre com o Coser e protegida por muralhas de 30 metros de altura, bastante largas para sobre elas correrem quatro carros emparelhados, tendo elas 12 quilômetros de circuito.[27] Extremamente fortificada, a cidade se orgulhava e dizia: *Eu sou a única, e não há outra além de mim* (Sf 2.15). H. Ray Dunning diz que em torno de Nínive havia um sistema de fortificações que a tornava praticamente inexpugnável. Dentro da cidade, havia edifícios esplendorosos, ornamentos volumosos de obras arquitetônicas e monumentos maciços, uma grande biblioteca, ruas e jardins.[28]

Halley comenta a maneira cruel como esse império tratava os povos conquistados:

> A política assíria era deportar para outras terras os povos conquistados de modo a extinguir neles o sentimento nacionalista e sujeitá-los

mais facilmente. Os assírios eram grandes guerreiros. Estavam sempre incursionando por outras terras. A maioria das nações naquele tempo dava-se à pilhagem. A Assíria parece que foi a pior de todas. Construiu sua nação à custa de pilhar outros povos. Era um povo cruel. Esfolavam vivos seus prisioneiros, ou cortavam suas mãos, seus pés, o nariz, as orelhas, ou lhes vazavam os olhos; ou lhes arrancavam a língua; faziam montes de caveiras humanas, tudo para inspirar terror.[29]

A. R. Crabtree indica registros no Museu Britânico que evidenciam essa barbárie. O rei Senaqueribe declarou: "Eu varri toda esta terra como furacão; devastei 34 cidades, queimando-as com fogo; a fumaça das cidades queimadas como grande nuvem obscureceu os céus".[30] Esse Senaqueribe levou milhares de judeus ao cativeiro. Seu sucessor, Esar-Hadom, um rei cruel (Is 19.4), levou o rei Manassés em cativeiro. Assurbanipal (3.18) rasgou os lábios e as mãos de reis, pôs arreios em três reis capturados e os obrigou a puxar o seu carro de guerra. Esses reis arrogantes julgavam-se perfeitamente seguros na cidade tão bem fortificada, cercada por seus muros robustos e humanamente intransponíveis.

É digno de destaque que foi no apogeu desse poderoso império e às vésperas de sua súbita derrocada que Naum profetizou um verdadeiro canto fúnebre da soberba cidade de Nínive. Uns vinte anos depois do vaticínio de Naum, uma coligação militar de seus vizinhos, os babilônios e os medos, principalmente com a morte de Assurbanipal, em 627 a.C., arremeteu-se contra Nínive, impondo sobre ela plena destruição em 612 a.C. Após mais de dois anos de cerco, uma enchente repentina do rio levou parte das muralhas, conforme profetizado por Naum (2.6). Pelas brechas das muralhas, os exércitos invasores entraram e destruíram a cidade (2.3,4; 3.1-7). A destruição foi completa como profetizara Naum, e a cidade soberba, violenta e sanguinária entrou para o cinzento rol do esquecimento. Naum 2.6 contém uma predição extraordinariamente exata: *As comportas dos rios se abrem, e o palácio é destruído.* A história subsequente revela que uma parte vital de defesa de Nínive foi levada embora por uma grande inundação, e essa ruína do sistema defensivo permitiu aos medos e caldeus que sitiavam a cidade tomá-la por assalto sem dificuldade.[31]

De acordo com Willmington, a história mostra-nos que Nabopolasar, líder das forças babilônicas invasoras, sitiou a cidade por três anos, liderando grandes ataques contra ela e falhando a cada tentativa. Por causa disso, os assírios, dentro de Nínive, alegraram-se e começaram a fazer festas com muita bebida. Contudo, subitamente, as margens do rio Tigre transbordaram e enviaram suas águas espumantes descontroladamente contra os muros da cidade. Em pouco tempo, estes ficaram esburacados, permitindo que os babilônios invadissem, e a orgulhosa cidade acabou destruída.[32]

Halley, comentando sobre essa completa destruição, escreve:

> A destruição de Nínive foi tão completa que até a sua localização foi esquecida. Quando Xenofonte e seus dez mil passaram por ali duzentos anos mais tarde, supôs que os montões eram as ruínas de alguma cidade dos partos. Quando Alexandre, o Grande, empreendeu a famosa batalha de Arbela, em 331 a.C., perto do local de Nínive, não sabia que ali já tinha existido uma cidade.[33]

Ênfases de Naum

William MacDonald observa que, embora Naum fosse um hebreu escrevendo contra o mais poderoso império do mundo, sua obra não foi um tratado nacionalista, mas uma denúncia do militarismo cruel da Assíria, especialmente porque os amargos efeitos de sua violência atingiram frontalmente o povo de Deus.[34] O tema básico de Naum é a destruição de Nínive como justa retribuição do Senhor pela longa história de maldade vinda da capital assíria.[35] Willmington acrescenta que, no tempo dessa profecia, essa cidade parecia inexpugnável, com seus muros de 30 metros de altura, adornados por mais de 1.200 torres.[36]

O livro do profeta Naum destaca algumas verdades solenes que pontuamos a seguir.

Em primeiro lugar, *a justiça divina*. O profeta descreve as atrocidades praticadas por Nínive e a necessidade de a cidade prestar contas de sua violação às leis de Deus (Na 1 e 3). Nínive arrependeu-se de arrepender-se e, em vez de deixar suas crueldades, voltou a elas. Chegou o momento em que o cálice da ira de Deus transbordou, e aquela cidade perversa foi destruída. Concordo com A. R. Crabtree quando ele diz que Naum apresenta uma mensagem profundamente importante para as nações e os povos arrogantes de todas as épocas da história. A destruição da Assíria é o castigo administrado pela justiça de Deus.[37] Nessa mesma linha de pensamento, Carl Armerding destaca que teologicamente Naum se posiciona como um eloquente testemunho da justiça e da salvação de Deus.[38]

Gerard Van Groningen escreve:

> A orgulhosa Nínive, capital do império assírio, será completamente destruída; a arrogante nação e seus exércitos serão aniquilados totalmente. O Senhor mostrará seu zelo, sua ira, seu poder à medida que executará o julgamento. Aqueles, entretanto, que confiam no Senhor e buscam refúgio nele serão reconhecidos por ele e experimentarão sua bondade e proteção (1.7).[39]

Introdução ao livro de Naum

Em segundo lugar, *o juízo divino*. Mike Butterworth tem razão ao dizer que a mensagem central de Naum é esta: o Senhor traz juízo sobre a Assíria por causa de seus terríveis pecados. O Deus revelado pelo profeta Naum não é frio, distante e insensível como afirmava a filosofia grega. Ele olha para a humanidade, vê suas maldades e diz com efeito: "Como vocês ousam fazer isso com o meu mundo? Eu criei você, e você não tem vida à parte de mim, você não tem futuro, exceto andando na minha presença. O que está errado neste mundo, deve ser corrigido".[40]

A mensagem de Deus não pode ser ignorada sem graves consequências. O juízo de Deus veio sobre Nínive (1.15). Sua ruína foi total. A cidade soberba e violenta foi varrida do mapa. Seu poder militar foi desmantelado. Suas riquezas foram pilhadas. Seu povo foi feito escravo. A maldade que a cidade praticou contra as nações se volta contra a própria Nínive. O que ela semeou, também colheu.

Carlos Osvaldo diz, com razão, que o Senhor é retratado por Naum como o grande Vingador, capaz de subverter toda a terra em favor daqueles com quem Ele estabelece Seu pacto (1.4-8). A profecia de Naum é de boas-novas para Judá (1.15).[41] No mês de agosto de 612 a.C., a cidade de Nínive foi completamente destruída pelos medos, babilônios e citas, uma ocasião de grande regozijo da parte das nações que tinham sofrido por quinhentos anos a crueldade desse império arrogante. Nínive desapareceu tão completamente da história que as suas ruínas não foram descobertas até o ano de 1842.[42]

Gerard Van Groningen é oportuno, quando escreve:

> A dimensão messiânica da palavra do Senhor a Abraão, de que seriam amaldiçoados todos os que amaldiçoassem sua semente (Gn 12.3), é

proclamada por Naum de maneira poderosa. À Assíria é dito que a maldição proferida séculos antes será executada em um terrível julgamento. A obra messiânica, obra que inclui bênçãos para o povo do Senhor, torna necessário que maldição seja executada sobre aqueles que obstruem o derramamento das bênçãos do pacto, asseguradas pela semente prometida, o Messias, sobre aqueles que creem e confiam no Senhor.[43]

Em terceiro lugar, *a salvação divina*. A salvação para o povo de Deus surge em associação direta com o juízo sobre os inimigos de Deus. As boas-novas de Naum (1.15) só podem ser anunciadas em Judá porque Nínive foi destruída. Concordo com Gerard Van Groningen quando ele diz que a destruição do império assírio é um indicador, bem como um fato introdutório, à destruição do reino de Satanás, que ele representa e serve. Para o reino messiânico ser implantado, o reino que lhe é oposto tem de ser desarraigado.[44]

O estilo do profeta Naum

Gerard Van Groningen diz que Naum tem sido chamado por alguns "um hino de ódio", escrito por um profeta provinciano, rústico, do interior, onde os habitantes seriam afetados por uma "cegueira rural". E, por outros, tem sido descrito como alguém que faz jus a seu nome, que quer dizer "confortador". Apresenta-se com ousadia, ardor, sublimidade, vivacidade e brilhantismo, bem como com certa dose de impetuosidade. Assim, em vez de um rústico aldeão, estaríamos diante de um mestre de estilo hebraico.[45]

Palmer Robertson destaca que o livro de Naum chega a ser monótono, em face de sua singularidade de propósito. O texto é persistente em dizer sempre a mesma coisa: Nínive cairá. Mas a variedade de métodos empregados para dizer a mesma coisa é bastante marcante e empresta grande força à sua mensagem.[46] Naum é uma obra erudita, escrita com rara beleza retórica e profundo e rigoroso conhecimento histórico. Concordo com H. Ray Dunning quando ele diz que o livro de Naum é exemplo da melhor literatura hebraica. É poesia do mais alto grau de perícia literária inteligente. Suas palavras são soberbas, e sua capacidade retórica está acima do elogio. Na descrição do ataque, destruição e saque da cidade, mostra imaginação vívida e grande poder de expressão poética.[47] Nessa mesma trilha de pensamento, Russell Champlin escreve: "O original hebraico do livro de Naum é claro e vigoroso. Seu hebraico é puro e clássico. Naum é um brilhante poeta".[48]

Notas

[1] WATER, Mark. *Enciclopédia de fatos bíblicos*. São Paulo, SP: Hagnos, 2014, p. 666.

[2] HALLEY, H. H. *Manual bíblico*. Vol. 1. São Paulo, SP: Vida Nova, 1978, p. 328.

[3] SILVA, José Apolônio. *Sintetizando a Bíblia*. Rio de Janeiro, RJ: CPAD, 1985, p. 149.

[4] CHAMPLIN, Russell Norman. "Naum". In: *O Antigo Testamento interpretado versículo por versículo*. Vol. 5. São Paulo, SP: Hagnos, 2003, p. 3595.

[5] FERREIRA, Júlio Andrade. *Conheça sua Bíblia*. Campinas, SP: Livraria Cristã Unida, 1977, p. 153.

[6] FEE, Gordon; STUART, Douglas. *Como ler a Bíblia livro por livro*. São Paulo, SP: Vida Nova, 2013, p. 285-286.

[7] BAXTER, J. Sidlow. *Examinai as Escrituras – Ezequiel a Malaquias*. São Paulo, SP: Vida Nova, 1995, p. 225.

[8] TENNEY, Merrill C. *Enciclopédia da Bíblia*. Vol. 4. São Paulo, SP: Cultura Cristã, 2008, p. 470.

[9] FINK, Paul R. "Nahum". In: *The complete Bible commentary*. Nashville, TN: Thomas Nelson Publishers, 1999, p. 1059.
[10] CRABTREE, A. R. *Profetas menores*. Rio de Janeiro, RJ: Casa Publicadora Batista, 1971, p. 193.
[11] FINK, Paul R. *Nahum*, p. 1059.
[12] WILLMINGTON, Harold. *Guia de Willmington para a Bíblia*. Vol. 1. Rio de Janeiro, RJ: Central Gospel, 2015, p. 242.
[13] HALLEY, H. H. *Manual bíblico*. Vol. 1, p. 328.
[14] BAKER, David W. "Naum". In: *Obadias, Jonas, Miqueias, Naum, Habacuque e Sofonias*. São Paulo, SP: Vida Nova, 2006, p. 295.
[15] BAXTER, J. Sidlow. *Examinai as Escrituras – Ezequiel a Malaquias*, p. 225.
[16] MACARTHUR, John. *Manual bíblico MacArthur*. Rio de Janeiro, RJ: Thomas Nelson, 2015, p. 295.
[17] PINTO, Carlos Osvaldo Cardoso. *Foco & desenvolvimento no Antigo Testamento*. São Paulo, SP: Hagnos, 2014, p. 753.
[18] CRABTREE, A. R. *Profetas menores*, p. 193.
[19] COMFORT, Philip W.; ELWELL, Walter A. *Dicionário bíblico Tyndale*. Santo André, SP: Geográfica, 2015, p. 1275.
[20] ROBERTSON, Palmer. *Naum, Habacuque e Sofonias*. São Paulo, SP: Cultura Cristã, 2011, p. 49.
[21] HALLEY, H. H. *Manual bíblico*. Vol. 1, p. 328.
[22] BAKER, David W. *Naum*, p. 296.
[23] MACARTHUR, John. *Manual bíblico MacArthur*, p. 295-296.
[24] ARNOLD, Bill T.; BEYER, Bryan E. *Descobrindo o Antigo Testamento*. São Paulo, SP: Cultura Cristã, 2001, p. 456.
[25] HALLEY, H. H. *Manual bíblico*. Vol. 1, p. 328.
[26] TENNEY, Merrill C. *Enciclopédia da Bíblia*. Vol. 4, p. 470.
[27] HALLEY, H. H. *Manual bíblico*. Vol. 1, p. 329.
[28] DUNNING, H. Ray. "O livro de Naum". In: *Comentário bíblico Beacon*. Vol. 5. Rio de Janeiro, RJ: CPAD, 2015, p. 204.
[29] HALLEY, H. H. *Manual bíblico*. Vol. 1, p. 195.
[30] CRABTREE, A. R. *Profetas menores*, p. 194.
[31] ARCHER JR., Gleason L. *Panorama do Antigo Testamento*. São Paulo, SP: Vida Nova, 2014, p. 444.
[32] WILLMINGTON, Harold. *Guia de Willmington para a Bíblia*, p. 243.
[33] HALLEY, H. H. *Manual bíblico*. Vol. 1, p. 330.
[34] MACDONALD, William. "Nahum". In: *Believer's Bible Commentary*. Nashville, TN: Thomas Nelson Publishers, 1995, p. 1137.
[35] PINTO, Carlos Osvaldo Cardoso. *Foco & desenvolvimento no Antigo Testamento*, p. 754.

[36] WILLMINGTON, Harold. *Guia de Willmington para a Bíblia*, p. 242-243.
[37] CRABTREE, A. R. *Profetas menores*, p. 194.
[38] ARMERDING, Carl E. "Nahum". In: *Zondervan NIV Bible Commentary*. Vol. 1. Grand Rapids, MI: Zondervan Publishing House, 1994, p. 1482.
[39] GRONIGEN, Gerard Van. *Revelação messiânica no Antigo Testamento*. Campinas, SP: LPC Publicações, 1995, p. 416.
[40] BUTTERWORTH, Mike. "Nahum". In: *New Bible Commentary*. Downers Grove, IL: Inter-Varsity Press, 1994, p. 835.
[41] PINTO, Carlos Osvaldo Cardoso. *Foco & desenvolvimento no Antigo Testamento*, p. 754-755.
[42] CRABTREE, A. R. *Profetas menores*, p. 195.
[43] GRONINGEN, Gerard Van. *Revelação messiânica no Antigo Testamento*, p. 439.
[44] IBIDEM.
[45] IBIDEM, p. 436-437.
[46] ROBERTSON, Palmer. *Naum, Habacuque e Sofonias*, p. 43.
[47] DUNNING, H. Ray. "O livro de Naum". In: *Comentário bíblico Beacon*. Vol. 5. 2015, p. 205.
[48] CHAMPLIN, Russell Norman. *Naum*, p. 3594.

Capítulo 2

Deus é o refúgio do Seu povo e o terror dos Seus inimigos
(Na 1.1-15)

O PROFETA NAUM, ao mesmo tempo que enfatiza a doce verdade de que Deus é o refúgio do Seu povo, também destaca que o Senhor é o terror de Seus inimigos. Deus é o Juiz das nações. Ele julga com equidade os povos, quebra o orgulho dos poderosos e reduz a nada os altivos de coração.

Fazendo uma retrospectiva

A Assíria já tinha levado o Reino do Norte para o cativeiro em 722 a.C., quando reinava em Jerusalém o rei Ezequias, conforme profetizaram Isaías, Oseias e Amós. Dionísio Pape diz que os golpes cruéis do exército assírio esmagaram a cidade de Samaria, capital de Israel, bem como o seu exército. Logo em seguida, o povo passou pela humilhação de ser levado para o exílio na Assíria. Como escravos, os israelitas foram servir ao monstruoso sistema totalitário instalado pelo exército mais cruel da história antiga.[1]

Sargão II destruiu o zelo nacionalista dos que ficaram, enviando outros povos para a região conquistada. Assim, surgiu uma mistura de raças, dando origem ao povo samaritano. Senaqueribe, o famoso general da Assíria (705-681 a.C.), chega aos portões de Jerusalém em 703 a.C. O rei Ezequias resistiu ao ataque da superpotência mundial, tomando medidas ousadas (2Rs 18; 2Cr 32; Is 36–37). Ele construiu um túnel de mais de 500 metros, cavado em rocha maciça, até hoje chamado de "túnel de Ezequias", uma das mais robustas obras da Antiguidade. Esse túnel permitiu à cidade ser abastecida de água mesmo diante do cerco assírio (2Cr 32.11).

Em face da afronta do rei assírio a Ezequias e ao seu Deus, esse piedoso rei apresentou-se publicamente no templo de Jerusalém, pedindo em oração ao Senhor a Sua proteção. A resposta veio fulminante como um raio: *Então, naquela mesma noite, saiu o Anjo do* Senhor *e feriu, no arraial dos assírios, cento e oitenta e cinco mil* (2Rs 19.35).[2] O Senhor mesmo defendeu Jerusalém do iminente ataque das tropas inimigas, que cercavam Jerusalém. Conforme o texto supracitado, Deus enviou Seu anjo para matar numa só noite 185 mil soldados assírios. Senaqueribe foi forçado a retornar à Assíria (Is 37.36-38; 2Rs 19.35-37; 2Cr 32.20,21). Palmer Robertson tem razão ao dizer que a fé de Ezequias nos propósitos soberanos de Deus era mais forte do que os exércitos humanos.[3]

Depois da morte de Ezequias, seu filho Manassés passa a reinar em Jerusalém e governa por cinquenta e cinco anos. Manassés foi um homem perverso, apóstata e rendido a toda sorte de excessos. Assassino cruel, idólatra açodado e feiticeiro contumaz, foi responsável por introduzir terríveis abominações em Judá. E, por causa de seus pecados, sela o destino do Reino do Sul, apesar de seu subsequente arrependimento (Jr 15.1-4). Não obstante sua perversidade, Manassés sobreviveu ao domínio de três monarcas assírios: Senaqueribe (705-681), Esar-Hadom (681-669) e Assurbanipal (669-627). Por causa de sua apostasia e maldade, o rei Manassés foi levado para a Babilônia pelo capitão do exército do rei da Assíria, onde se arrependeu, humilhou-se e orou ao Senhor, que o restaurou ao seu trono (2Cr 33.1-20).

Dionísio Pape diz que uns cem anos depois da desastrosa queda de Samaria ao norte, o pequenino país satélite Judá, ao sul, temia novamente as incursões expansionistas dos assírios. Naum, cujo nome significa "consolação", trouxe uma mensagem confortadora para o povo ameaçado, afirmando que a maior potência mundial seria completamente destruída. A Assíria, esgotada pelas inúmeras campanhas de agressão militar, foi vencida inesperadamente em 612 a.C. O exército da Babilônia, com o dos medos, conseguiu penetrar em Nínive, e a cidade foi incendiada.[4]

Nessa mesma linha de pensamento, Palmer Robertson diz, com razão, que, a despeito de toda a aparência da força da Assíria, Deus certamente dava garantias de sua queda.[5] É aqui que entra a profecia de Naum!

Vamos examinar a seguir algumas lições solenes do texto em tela.

Uma mensagem de juízo ao mais poderoso império do mundo (1.1)

Naum recebe uma visão da parte de Deus na qual há uma profecia destinada a Nínive, a capital da Assíria, o mais poderoso império do mundo: *Sentença contra Nínive. Livro da visão de Naum, o elcosita* (1.1). A mensagem que Naum recebe não é de exaltação à exaltada Nínive, capital da Assíria, mas uma sentença de juízo a esse megalomaníaco império. Concordo com H. Ray Dunning quando ele diz que o oráculo era *sobre* Nínive, e não *para* Nínive, capital do império assírio. Por quase dois séculos, esse poder tirânico fora a grande força política e militar no mundo conhecido dos hebreus. A Assíria era a grande conquistadora e o terror das nações. Foi sob o reinado de Sargão II que, em 722 a.C., Israel (o Reino do Norte) foi extinto. Mais tarde, sob o reinado de Senaqueribe, Judá se sujeitou, por tolice de Acaz, ao domínio da Assíria e começou a pagar anualmente pesados tributos.[6]

A palavra hebraica *massá*, traduzida aqui por "sentença", significa "fardo".[7] A comissão de Deus a Naum é um fardo para ele. A forma desse fardo vem como uma visão que deveria ser registrada em livro para a posteridade. Mike Butterworth diz que, ao receber uma visão, Naum vê coisas que não são aparentes aos olhos físicos e naturais.[8] O objeto dessa visão, carregada de juízo, era Nínive, a maior, a mais rica e a mais segura cidade do mundo.

Certamente, o profeta precisava ter muita coragem para registrar essa visão, quando Nínive estava no seu apogeu e quando a Assíria fazia campanhas expansionistas, alargando suas fronteiras e subjugando os povos com truculência e crueldade incomuns. Warren Wiersbe diz, com razão, que, quando as nações orgulhosas conspiram contra Deus,

Ele zomba delas e transforma seus ardis em confusão (Sl 2.1-4). Os assírios haviam conspirado contra Judá nos dias do rei Ezequias, e Deus atrapalhou seus planos (Is 36–37), mas o Senhor não permitiria que esse tipo de intriga ocorresse outra vez. Em vez de marchar em triunfo, seus líderes seriam como bêbados emaranhados em espinheiros e como palha consumida pelo fogo (1.10).[9]

David Baker diz, com razão, que, embora o texto se refira aqui à cidade de Nínive, pode ter também conotações simbólicas, representando todos os que se opõem a Deus e à Sua obra.[10] Estou de acordo com o que escreve o mesmo autor, quando diz que o profeta em tela é Naum, de Elcós, sendo esta provavelmente sua cidade natal. Localidades na Assíria, na Galileia e na Judeia já foram identificadas com Elcós. A localização exata não é certa, embora a última hipótese seja a mais provável.[11]

Ninguém é tão forte a ponto de resistir ao Deus Todo-poderoso (1.2-5)

Naum não se intimida de trazer uma sentença contra Nínive, porque não a profere de Si mesmo. Essa sentença vem do Deus Iavé, que é Deus zeloso e vingador. Ninguém pode resistir ao Seu poder nem o enfrentar em Sua ira. Provocar Deus à ira é atrair inevitável vingança. Opor-se a Ele é sofrer Sua indignação. Destacamos a seguir alguns pontos.

Em primeiro lugar, *ninguém pode insultar a Deus e escapar* (1.2). *O Senhor é Deus zeloso e vingador, o Senhor é vingador e cheio de ira; o Senhor toma vingança contra os seus adversários e reserva indignação para os seus inimigos.* Diante da situação de apostasia de Israel, da oscilação espiritual de Judá e do poder da Assíria, Deus Se apresenta como o Senhor zeloso e vingador.[12] Naum dá ênfase à justiça de Deus no castigo da Assíria, o poderoso inimigo que se esforçava para exterminar o pequeno e o último grupo do povo de Deus na cidade de Jerusalém. A cidade de Davi só não caiu nas mãos dos assírios por uma intervenção sobrenatural de Deus. A afronta contra Deus e Seu povo foi severamente punida pelo braço do Onipotente. Cento e oitenta e cinco mil soldados foram mortos por um anjo vingador, e Jerusalém ficou livre. Deus demonstrou zelo e poder no cuidado do Seu povo no castigo de Seus inimigos.

O Senhor é o Deus zeloso, que vindica a glória de Seu próprio nome. Ele é zeloso no sentido de que, em Sua santidade, não permite rivais (Êx 20.5; Js 24.19; Zc 8.2). Os outros deuses são ídolos forjados pela imaginação humana. Somente o Senhor é Deus, e Ele não divide a Sua glória com ninguém.

Como Deus é justo, aqueles que se insurgem contra Ele, para se prostrarem diante de outros deuses e oprimirem as pessoas com crueldade, enfrentarão inexoravelmente Sua vingança. Aqueles que zombeteiramente permanecem em seus pecados suportarão a plenitude de Sua ira. Aos inimigos é reservada a Sua indignação. É oportuno, dizer, entretanto, que qualquer juízo de Deus contra o pecado não se baseia numa ira inesperada e incontrolável, mas no caráter imutavelmente santo de Deus. Ele responderá corretamente, nem a mais, nem a menos, de acordo com a ação, boa ou má.[13]

Em segundo lugar, *a demora de Deus em julgar os ímpios não é sinal de fraqueza* (1.3a). *O SENHOR é tardio em irar-se...* Quando Nínive estava enchendo o cálice de sua transgressão, Deus lhe enviou o profeta Jonas. Deus teve misericórdia daqueles que não tinham misericórdia dos povos. Deus foi benigno com aqueles que eram cruéis. Deus retardou Seu juízo e enviou-lhes Seu perdão. Mas o arrependimento de Nínive não foi profundo o suficiente para manter a cidade violenta no caminho do quebrantamento. Eles se esqueceram de Deus. Arrependeram-se de seu arrependimento e continuaram a servir outros deuses e a oprimir outras nações. Então, Naum escreve: *O SENHOR é tardio em irar-se, mas grande em poder e jamais inocenta o culpado* (1.3). Concordo com Willmington quando ele escreve: "Por mais de quinhentos anos, Nínive e os assírios foram temidos como o terror da Ásia Ocidental. Mas, embora a paciência de Deus seja infinita em sua profundidade, ela não é eterna em sua duração".[14] A ira de Deus é justa por causa da forma injusta com que o homem se relaciona com seu semelhante. A ira de Deus é justa porque o homem jamais peca inadvertidamente. A ira de Deus é justa porque o homem não expressa a Ele o culto que Lhe é devido.

Em terceiro lugar, *o caráter de Deus exige que o culpado seja condenado* (1.3b). *... mas grande em poder e jamais inocenta o culpado...* Deus é grande em Sua misericórdia e também em Seu julgamento. Ele não inocenta o culpado. Deus não faz vistas grossas ao pecado. Quando o cálice da ira de Deus transborda, o culpado será apanhado e julgado. A vingança de Deus vem sobre o culpado rapida, repentina, misteriosa e terrivelmente. A. R. Crabtree diz que pela Sua própria natureza Deus nunca terá por inocente a nação, o povo ou o homem culpados.[15] Nós sabemos, por intermédio de Isaías, que os assírios atribuíam seu sucesso sobre as nações ao próprio poder e força, bem como aos seus deuses (Is 10.12-18; Sf 2.13-15). Por isso, Deus abateu esse poderoso império e o reduziu a cinzas.

Em quarto lugar, *o julgamento de Deus é inescapável* (1.3c). *... o SENHOR tem o seu caminho na tormenta e na tempestade, e* *as nuvens são o pó dos seus pés*. É impossível escapar dAquele que faz da tormenta e da tempestade o caminho para exercer o Seu juízo. Ninguém pode se ver livre dAquele que transforma as nuvens como o pó dos Seus pés. Ele é um guerreiro irresistível. Mais poderoso do que os exércitos fortemente armados é Aquele que é soberano sobre as nações da terra e tem o controle da história em Suas mãos.

Em quinto lugar, *diante da manifestação do juízo divino, até a natureza estremece* (1.4,5). *Ele repreende o mar, e o faz secar, e míngua todos os rios; desfalecem Basã e o Carmelo, e a flor do Líbano se murcha. Os montes tremem perante ele, e os outeiros se derretem; e a terra se levanta diante dele, sim, o mundo e todos os que nele habitam*. Crabtree diz, corretamente, que Deus manifesta o Seu maravilhoso poder no turbilhão da tempestade, na seca, nos terremotos e em vários outros exemplos de Sua ação sobre a natureza física.[16] Aquele que domina sobre as nações também controla a natureza. Sendo Ele o Criador, toda a criação Lhe está sujeita. Sob Sua ordem, o mar se abre e vira estrada seca. Sob Seu mandato, os rios se encolhem. Diante dEle, os montes se desfalecem. A beleza exuberante da flor do Líbano murcha ao sopro de Seu juízo. Na presença dEle, os montes tremem e os outeiros derretem. O mundo e todos os que nele habitam não podem se sentir seguros diante da manifestação de Seu juízo. David Baker diz que o poder de Deus é visto em Sua capacidade de reverter a criação, secando o mar e os rios (Is 42.15; 50.2; Jr 51.36) e fazendo murchar regiões de produtividade proverbial (Basã, na Transjordânia; Carmelo, no norte de Israel; e o Líbano, conforme Is 33.9). Os fundamentos da própria terra reagem com terremotos e derretimento (Sl 46.3,6; Jr 4.24; Am 9.5).[17]

A ira de Deus vem sobre Seus inimigos, mas Sua bondade protege Seu povo (1.6-8)

Destacamos a seguir algumas lições.

Em primeiro lugar, *a ira de Deus é irresistível* (1.6). *Quem pode suportar a sua indignação? E quem subsistirá diante do furor da sua ira? A sua cólera se derrama como fogo, e as rochas são por ele demolidas.* O profeta Naum descreve a ira de Deus como algo que não pode ser resistido. A ira de Deus é real, justa e terrível. Ninguém subsiste diante do furor de Sua ira. Nenhuma muralha é capaz de deter os passos do Todo-poderoso. Nenhum exército é capaz de fazer encolher a mão do Onipotente. Nenhum poder político é capaz de refrear a cólera divina quando derramada como fogo sobre Seus adversários. Diante dessa cólera até as rochas são demolidas. David Baker diz que Naum demonstra a força enfática dessa ira com o acúmulo de sinônimos como indignação, furor e cólera.[18]

Em segundo lugar, *a bondade de Deus é incomparável* (1.7). Ao mesmo tempo que Deus é o terror de Seus inimigos, é também o protetor de Seu povo. Deus é protetor, consolador e amigo do Seu povo. Concordo com David Baker quando ele diz que, em justaposição ao poder de Deus na ira, confrontam-se Sua paciência e graça.[19] Charles Spurgeon diz que tudo é calmo neste versículo, embora todo o contexto seja açoitado por uma terrível tempestade.[20]

Três verdades são aqui destacadas por Naum.

Primeiro, Deus é bom (1.7a). *O Senhor é bom...* Deus é bom em Seu caráter e em Suas obras. Sua bondade nos conduz ao arrependimento. Sua bondade nos oferece graça. Sua bondade leva-o a dar-nos o que não merecemos. Porque Ele é bom, somos cercados de cuidado e livramento. Spurgeon diz que Deus é bom em Si mesmo. Ele é essencialmente bom.

Bom eterna e imutavelmente. Bom em Seus atos de graça. Bom em todas as formas de Sua providência.[21]

Segundo, Deus é fortaleza no dia da angústia (1.7b). ... *é fortaleza no dia da angústia*... Nínive estava cercada por fortes e altas muralhas, mas a proteção do povo de Deus não são muros altos nem armas sofisticadas. O próprio Deus é a nossa fortaleza. Ele é o nosso alto refúgio. É dEle que vem o nosso socorro. Ele é como um muro de fogo ao nosso redor.

Spurgeon diz que Deus é, sob circunstâncias adversas, como nosso abrigo. É fortaleza em todo tempo, mantendo nossa paz e defendendo-nos de nossos inimigos.[22]

Terceiro, Deus conhece os que nEle se refugiam (1.7c). ... *e conhece os que nele se refugiam*. Esse conhecimento de Deus não é apenas intelectual, mas sobretudo relacional. Deus nos ama e relaciona-se intimamente conosco. Somos dEle. Pertencemos a Ele. Debaixo de Suas asas, somos protegidos das tempestades da vida. Com Ele, a cova dos leões torna-se o lugar mais seguro para Daniel. Com Ele, Mesaque, Sadraque e Abede-Nego puderam passear na fornalha ardente. Com Ele, Pedro pôde dormir na prisão de segurança máxima de Herodes. Com Ele, João viu uma porta aberta no céu no exílio. Ele jamais desampara aqueles que nEle se refugiam.

Em terceiro lugar, *a perseguição de Deus é implacável* (1.8). *Mas, com inundação transbordante, acabará duma vez com o lugar desta cidade; com trevas, perseguirá o S*ENHOR *os seus inimigos*. Ao mesmo tempo que Deus é a fortaleza de Seu povo, é também o terror de Seus inimigos. Quando Deus Se levanta contra aqueles que oprimem o Seu povo, Ele vem como uma inundação sobre eles. Assim foi a destruição de Nínive. A cidade foi inundada, e o que sobrou da inundação foi incendiado. A cidade das trevas que destruiu os povos foi completamente arrasada e destruída. De acordo com Charles Feinberg, Ctésias, historiador grego do século 5º a.C., diz que durante uma festa de bebedeira as comportas de Nínive foram arrasadas por um repentino transbordamento do rio Tigre e os alicerces do palácio foram levados de roldão. O exército babilônico, que na ocasião sitiava essa metrópole, entrou pelas brechas e incendiou a cidade.[23]

A inutilidade da resistência a Deus (1.9-11)

Destacamos a seguir três pontos.

Em primeiro lugar, *a natureza da resistência a Deus* (1.9-11). A resistência a Deus dá-se em várias frentes, como vemos a seguir.

Primeiro, na área do pensamento (1.9). *Que pensais vós contra o SENHOR? Ele mesmo vos consumirá de todo; não se levantará por duas vezes a angústia.* Naum muda radicalmente seu estilo e emboca sua trombeta diretamente contra Nínive. Não importa quais sejam os planos dessa cidade arrogante ou quais as ações desse império poderoso contra o Senhor, isso não logrará êxito. Deus mesmo virá sobre Nínive com inundação transbordante (1.8). Naum diz que o fim da Assíria será tão devastador que ela não será perturbada de novo, nem causará mais problemas, porque não mais existirá. O apóstolo Paulo, nessa mesma linha de pensamento, diz que os homens, ao se entregarem a pensamentos insolentes contra Deus, *inculcando-se por sábios, tornaram-se loucos* (Rm 1.22).

Segundo, na área das palavras (1.11). *De ti, Nínive, saiu um que maquina o mal contra o SENHOR, um conselheiro vil.* Essa profecia provavelmente refere-se a Senaqueribe ou ao insolente Rabsaqué, que blasfemou contra Deus, ao dizer ao rei Ezequias que nenhum Deus poderia livrá-lo das mãos da Assíria.²⁴

Terceiro, na área das ações (1.10). *Porque, ainda que eles se entrelaçam com os espinhos e se saturam de vinho como bêbados, serão inteiramente consumidos como palha seca.* Os ninivitas foram destruídos numa invasão avassaladora, no mesmo momento em que estavam rendidos à embriaguez e às orgias. Orgias regadas de álcool sempre terminam mal. Foi assim também com a queda da Babilônia.

Em segundo lugar, *o método da resistência a Deus* (1.10). A resistência a Deus foi feita de duas formas distintas, como vemos a seguir.

Primeiro, foi uma resistência combinada (1.10a). *Porque, ainda que eles se entrelaçam com os espinhos...* Os perversos sempre se unem a outros perversos para afrontarem Deus e o Seu povo. Eles agem de forma orquestrada. Mancomunam-se para demonstrar sua hostilidade a Deus e afronta a Seu povo.

Segundo, foi uma resistência audaciosa (1.10b). *... e se saturam de vinho como bêbados...* Os perversos resistem a Deus ao mesmo tempo que perdem sua lucidez. Rendem-se à embriaguez ao mesmo tempo que afrontam o Todo-poderoso. Perdem a reverência e o temor. Zombam daquele que está assentado no trono, imaginando que poderão escapar de Seu reto juízo.

Em terceiro lugar, *a consequência da resistência* (1.10c). *... serão inteiramente consumidos como palha seca.* Aqueles que resistem a Deus estão semeando para uma colheita desastrosa. Estão preparando a si mesmos para uma consumada ruína. O profeta Naum diz que estes serão inteiramente consumidos como palha seca. Crabtree, ao interpretar esse versículo, diz que o inimigo não pode defender-se contra a vingança do Senhor. Não obstante tudo o que possa fazer em sua defesa, será completamente consumido como palha seca.[25]

A destruição dos inimigos de Deus e a redenção do Seu povo (1.12-15)

Destacamos aqui dois pontos:

Em primeiro lugar, *a descrição da destruição dos inimigos de Deus* (1.12,14). O profeta Naum profetiza a derrota fragorosa de Nínive enquanto era a maior, a mais poderosa e a mais segura cidade do mundo. Profetiza a queda da Assíria, quando era o mais forte império do mundo. Vejamos a seguir a descrição que Naum faz dos assírios.

Primeiro, eles se sentiam seguros (1.12a). *Assim diz o Senhor: Por mais seguros que estejam...* Nínive era uma cidade inexpugnável, com muralhas de 30 metros de altura e tão largas que dois carros podiam correr paralelamente sobre elas. As muralhas eram vigiadas por 1.200 torres.

Segundo, os assírios eram numerosos (1.12b). *... e por mais numerosos que sejam...* Os assírios haviam dominado o mundo. A cidade de Nínive possuía na época centenas de milhares de habitantes. E eles estavam não apenas fortemente armados e protegidos, mas eram também numerosos.

Terceiro, mesmo assim eles serão destruídos (1.12c). *... ainda assim serão exterminados e passarão; eu te afligi, mas não te afligirei mais.* Os inimigos de Deus podem resistir a Ele por um tempo, mas não prevalecerão. Sua derrota já está lavrada. Sua ruína é certa. Naum está afirmando com vívida eloquência que o período da opressão de Judá pelos assírios terminou com o fracasso de Senaqueribe no seu grande esforço de subjugar a cidade de Jerusalém. O rei Ezequias deu grandes tributos a Senaqueribe, pensando que ele abandonaria o sítio da cidade (2Rs 18.14-16; 19.9-35; Is 37.9-36); no entanto, Senaqueribe sitiou Jerusalém, mas não a capturou.[26]

Em segundo lugar, *as áreas da destruição dos inimigos de Deus* (1.14). Três são as áreas nas quais a destruição será notada:

Primeiro, a dinastia será extinguida (1.14a). *Porém contra ti, Assíria, o SENHOR deu ordem que não haja posteridade que leve o teu nome...* Esse soberbo reino caiu para nunca mais se levantar. Sua ruína foi total. Eles foram apagados da história. Sua posteridade foi interrompida para sempre. Faltará à Assíria posteridade.

Segundo, a idolatria será destruída (1.14b). *... da casa dos teus deuses exterminarei as imagens de escultura e de fundição...* Os deuses dos povos são nulidades. Eles são impotentes. Serão de todo destruídos. Não podem livrar aqueles que neles confiam nem podem livrar a si mesmos. Deus cortou dos templos assírios todas as imagens de escultura e fundição. Todos os elementos de poder e opressão que os assírios julgavam indestrutíveis foram inteiramente destruídos.

Terceiro, o refúgio será sepultura (1.14c). *... farei o teu sepulcro, porque és vil.* A Assíria, que realizou tantas façanhas, matando homens, mulheres e crianças, e ajuntando tesouros com derramamento de sangue, agora tem o próprio Deus Todo-poderoso como coveiro. Enquanto a Assíria alargava suas fronteiras, espalhando terror pelo mundo, Deus estava ocupado em cavar sua sepultura. David Baker diz que a Assíria será enterrada, como algo desprezado e sem valor que se joga fora.[27]

Em terceiro lugar, *a redenção do povo de Deus* (1.13,15). Três verdades devem ser ditas aqui sobre a redenção do povo de Deus, como vemos a seguir.

Primeiro, a libertação é obra soberana de Deus (1.13). *Mas de sobre ti, Judá, quebrarei o jugo deles e romperei os teus laços.* O livramento de Judá das mãos do poderoso império assírio não foi resultado da ação militar dos soldados judeus, mas de uma intervenção sobrenatural de Deus. Em resposta às orações do rei Ezequias, Deus enviou um anjo que matou 185 mil soldados assírios que entrincheiravam Jerusalém.

Segundo, a vitória deve ser celebrada (1.15a). *Eis sobre os montes os pés do que anuncia boas-novas, do que anuncia a paz!* O atalaia não soa o alarme do medo, proclamando a invasão do inimigo, mas anuncia uma mensagem de paz ao povo, pois o inimigo foi derrotado e a vitória sorriu para aqueles que, mesmo fracos, confiaram no Senhor. Mike Butterworth diz que essa descrição de Naum é semelhante ao mais conhecido texto de Isaías 52.7. O Novo Testamento alude à mesma passagem em Atos 10.36 e em Romanos 10.15. Ela expressa a gloriosa verdade de que a vitória chegou. Os pés pertencem ao arauto que traz as boas-novas. A batalha foi vencida. A opressão acabou, e a paz agora pode ser estabelecida.[28] Nessa mesma linha de pensamento, Warren Wiersbe escreve:

> Na Antiguidade, as notícias eram levadas por mensageiros, e os vigias nos muros esquadrinhavam o horizonte na esperança de que mensageiros trariam boas notícias. Nesse caso, de fato era uma boa notícia: o mensageiro anunciaria que Nínive havia caído e que o exército assírio havia sido derrotado e desbaratado (1.15). Judá poderia viver em paz e desfrutar suas festas anuais e festivais religiosos de costume. Essa boa notícia para Judá significava que a Assíria estava completamente destruída e que jamais voltaria a invadir sua terra. Para nós, que cremos em Cristo, significa que ele derrotou completamente o pecado,

Satanás e a morte, e que agora estamos livres para desfrutar as bênçãos da salvação.[29]

Terceiro, a adoração deve ser restaurada (1.15b). ... *Celebra as tuas festas, ó Judá, cumpre os teus votos, porque o homem vil já não passará por ti; ele é inteiramente exterminado.* Aqueles que afrontaram o Todo-poderoso e ameaçaram Seu povo foram exterminados. As festas interrompidas devem voltar a ser celebradas. Os votos feitos agora podem ser cumpridos. A adoração deve ser restaurada. Quando Naum chamou o povo de Judá a celebrar as suas festas, sem dúvida ele relembrou a famosa celebração da Páscoa nos dias de Josias. Está escrito: *Porque nunca se celebrou tal Páscoa como esta desde os dias dos juízes que julgaram Israel, nem durante os dias dos reis de Israel, nem nos dias dos reis de Judá* (2Rs 23.21). Hipoteco pleno apoio ao que escreve Dionísio Pape: "O vibrante otimismo e fé de Naum devem nos inspirar neste século inseguro, quando as forças de agressão ameaçam todos os países pacíficos, para que sejamos realmente o povo do Senhor, com um espírito de consagração e vitória".[30]

Notas

[1] PAPE, Dionísio. *Justiça e esperança para hoje*. São Paulo, SP: ABU, 1983, p. 75.
[2] IBIDEM, p. 75.
[3] ROBERTSON, Palmer. *Naum, Habacuque e Sofonias*, p. 17.
[4] PAPE, Dionísio. *Justiça e esperança para hoje*, p. 75-76.
[5] ROBERTSON, Palmer. *Naum, Habacuque e Sofonias*, p. 21.
[6] DUNNING, H. Ray. *O livro de Naum*, p. 207.
[7] PINTO, Carlos Osvaldo Cardoso. *Foco & desenvolvimento no Antigo Testamento*, p. 754.
[8] BUTTERWORTH, Mike. *Nahum*, p. 836.
[9] WIERSBE, Warren W. *Comentário bíblico expositivo*. Vol. 4. Santo André, SP: Geográfica, 2006, p. 503.
[10] BAKER, David W. *Naum*, p. 303.
[11] IBIDEM.
[12] ARMERDING, Carl E. *Nahum*, p. 1482.
[13] BAKER, David W. *Naum*, p. 304.
[14] WILLMINGTON, Harold. *Guia de Willmington para a Bíblia*, p. 243.
[15] CRABTREE, A. R. *Profetas menores*, p. 204.
[16] IBIDEM, p. 203.
[17] BAKER, David W. *Naum*, p. 305.
[18] IBIDEM, p. 306.
[19] IBIDEM, p. 307.
[20] SPURGEON, Charles H. *Spurgeon's sermon notes*. Peabody, MA: Hendrikson Publishers, 1999, p. 317.
[21] IBIDEM, p. 317-318.
[22] IBIDEM, p. 318.
[23] FEINBERG, Charles L. *Os profetas menores*. São Paulo, SP: Vida, 1988, p. 193.
[24] MACDONALD, William. *Nahum*, p. 1138.
[25] CRABTREE, A. R. *Profetas menores*, p. 207.
[26] IBIDEM.
[27] BAKER, David W. *Naum*, p. 310.
[28] BUTTERWORTH, Mike. *Nahum*, p. 837.
[29] WIERSBE, Warren W. *Comentário bíblico expositivo*, p. 504.
[30] PAPE, Dionísio. *Justiça e esperança para hoje*, p. 77-78.

Capítulo 3

O julgamento divino contra a cidade de Nínive
(Na 2.1-13)

O TEXTO EM TELA NARRA, com cores vivas, o cerco e a tomada de Nínive, a inexpugnável capital do império assírio. Embora tenham sido os medos e babilônios os inimigos que cercaram, invadiram, saquearam e destruíram a cidade, o agente principal dessa ação julgadora foi o próprio Deus.

Destacamos a seguir algumas lições importantes a esse respeito.

O juízo contra Nínive está lavrado (2.1)

Os exércitos caldeu e medo, como uma horda, marcharam contra Nínive e a destruíram. Assim escreve o profeta: *O destruidor sobe contra ti, ó Nínive! Guarda a fortaleza, vigia o caminho, fortalece os lombos, reúne todas as tuas forças!* (2.1). O apelo irônico para os ninivitas guardarem suas muralhas empinadas aos céus, como verdadeiras fortalezas inexpugnáveis, e vigiarem o caminho, fortalecerem os lombos e reunirem todas as suas tropas militares é uma prova incontestável do poder irresistível dos invasores. O enfrentamento era impossível. A derrota era certa. O juízo de Deus sobre a Nínive sanguinária seria irreversível. Na verdade, ninguém pode socorrer uma pessoa, uma cidade ou uma nação que Deus já considerou madura para o juízo. Porque Nínive desperdiçou o tempo de sua oportunidade, agora o juízo veio sobre ela inexoravelmente.

A restauração de Judá está assegurada (2.2)

Não obstante os assírios terem derrotado Israel, o Reino do Norte, e levado seu povo cativo em 722 a.C., e embora tenham feito vassalos os reis de Judá, cobrando dos judaístas pesados tributos, Deus, com Seu braço forte, restauraria o Seu povo. Porém, para o poderoso império assírio, não haveria restauração. Assim escreve Naum: *Porque o SENHOR restaura a glória de Jacó, como a glória de Israel; porque saqueadores os saquearam e destruíram os seus sarmentos* (2.2). Aquilo que politicamente parecia uma absoluta improbabilidade, aconteceu. A poderosa Assíria caiu, mas Judá, sendo o povo oprimido pela Assíria, foi restaurado. Deus foi o protagonista de ambas as ações: tanto de juízo sobre a Assíria como da restauração de Judá.

A descrição dos exércitos invasores é detalhada (2.3,4)

O exército invasor era tremendo em número de homens, couraças, armas e carros. As palavras de Naum são contundentes: *Os escudos dos seus heróis são vermelhos, os homens valentes vestem escarlata, cintila o aço dos carros no dia do seu aparelhamento, e vibram as lanças. Os carros passam furiosamente pelas ruas e se cruzam velozes pelas praças; parecem tochas, correm como relâmpago* (2.3,4). O versículo 3 descreve a beleza e a ordem do poderoso exército que ataca a cidade de Nínive. É brilhante a descrição poética das vestes, das armas e dos movimentos dos soldados que atacam a cidade.[1] Os soldados caldeus empunhavam escudos vermelhos e se vestiam de escarlata. Charles Feinberg, citando Calvino, diz que os guerreiros antigos tingiam de vermelho seus escudos de couro bovino para amedrontar o inimigo e especialmente para que o sangue de seus próprios ferimentos não pudesse ser visto pelo inimigo e com isso lhes dar confiança.[2]

Esse exército poderoso e irresistível aparelhou seus carros de combate e empunhou suas lanças. Seus carros de guerra eram tão velozes que entraram em Nínive, a cidade soberba, como tochas acesas, com a celeridade de um relâmpago. A força e a destreza do exército assírio foram humilhadas diante da superioridade bélica dos exércitos invasores. Nínive, a cidade soberba, foi humilhada até o pó. A força monstruosa dos exércitos invasores jogou por terra toda a altivez de Nínive.

A invasão dos exércitos conquistadores é arrasadora (2.5-9)

Naum faz um registro detalhado da invasão de Nínive. Destacamos cinco pontos a seguir.

Em primeiro lugar, *o escape dos ninivitas tornou-se impossível* (2.5). *Os nobres são chamados, mas tropeçam em seu caminho; apressam-se para chegar ao muro e já encontram o testudo inimigo armado.* A derrota de Nínive criaria uma fuga frenética da cidade. As pessoas iriam deixar para trás todas as suas coisas e correr para salvar a vida; prata e ouro não seriam mais importantes. Nem os nobres nem o povo conseguiram escapar quando a cidade de Nínive foi atacada. Eles tropeçaram no caminho e, antes de chegarem aos muros altaneiros e saírem por suas portas, já deram de cara com os soldados caldeus e medos. As portas se abriram para os invasores entrarem, mas não para os ninivitas saírem. Dionísio Pape, citando o historiador Diodoro Sículo, diz que o muro de Nínive possuía 1.500 torres, numa extensão de 13 quilômetros, oferecendo uma defesa inexpugnável (2.5).[3] Nada disso, porém, evitou a tomada da cidade.

Em segundo lugar, *a inundação do rio Tigre tornou-se irresistível* (2.6). *As comportas dos rios se abrem, e o palácio é destruído*. Os invasores represaram o rio Coser, que cortava a cidade, e depois soltaram a água de modo que destruísse parte do muro e algumas construções. Aquilo que parecia ser impossível – ultrapassar as altas e largas muralhas de Nínive – uma inundação, provocada por essas enchentes, conseguiu, abrindo crateras nos muros. Por essas brechas, os exércitos invasores entraram e destruíram o palácio. As forças da natureza são superiores a quaisquer tentativas de proteção dos homens. Concordo com Warren Wiersbe quando ele diz que os invasores não podiam assumir o crédito por sua vitória, pois era Deus quem havia decretado que a cidade fosse destruída e que seus habitantes fossem mortos ou levados cativos (2.7). Os invasores não passaram de instrumentos de Deus para executar Sua vontade.[4] Na verdade, ninguém pode deter o braço do Todo-poderoso Deus!

Em terceiro lugar, *a capitulação da cidade de Nínive tornou-se inevitável* (2.7). *Está decretado: a cidade-rainha está despida e levada em cativeiro, as suas servas gemem como pombos e batem no peito*. A queda de Nínive foi um decreto do próprio

Deus. A cidade-rainha, rica, opulenta, soberba, sanguinária e cheia de feitiçarias está despida, e debaixo de opróbrio é levada cativa. Os que são levados para o cativeiro não podem reagir, mas apenas bater nos peitos e gemer.

Em quarto lugar, *o socorro aos ninivitas tornou-se frustrado* (2.8). *Nínive, desde que existe, tem sido como um açude de águas; mas, agora, fogem. Parai! Parai! Clama-se; mas ninguém se volta*. As glórias do passado estão apagadas. A cidade-açude é incendiada. Os que tentam fugir são apanhados. As ordens não são obedecidas. O socorro é frustrado. A derrota é certa. A queda da cidade é inexorável. Crabtree diz que os moradores de Nínive ficaram tão estonteados em sua fuga que, quando alguém tentou reanimá-los, dizendo *Parai! Parai!*, ninguém olhou para trás. Esses ninivitas que tantas vezes se ufanaram do seu poder de aterrorizar os habitantes de outras cidades estão agora experimentando o mesmo pavor.[5]

Em quinto lugar, *o saque da cidade de Nínive é total* (2.9). *Saqueai a prata, saqueai o ouro, porque não se acabam os tesouros; há abastança de todo objeto desejável*. Todas as riquezas de prata e ouro que Nínive acumulou dentro de seus muros, como resultado de suas campanhas militares pilhando as nações, foram saqueadas e tomadas pelos exércitos invasores. Eles, que saquearam os povos, foram saqueados. Crabtree diz que Nabopolasar da Babilônia declara, na sua crônica, que os medos e babilônios saquearam a cidade de Nínive, tomando riquezas incontáveis e deixando no lugar um monturo de ruínas.[6]

A destruição de Nínive é completa (2.10-13)

A cidade, símbolo do poder irresistível, é destruída completamente. Destacamos a seguir três verdades solenes.

Em primeiro lugar, *o terror que os assírios impuseram aos outros povos vem agora sobre eles* (2.10). *Ah! Vacuidade, desolação, ruína! O coração se derrete, os joelhos tremem, em todos os lombos há angústia, e o rosto de todos eles empalidece*. A desolação e a ruína da cidade de Nínive é total. Dentro da cidade inexpugnável, os corações estão se derretendo de medo como se fossem cera. Os joelhos, vacilantes, tremem. Pesa sobre as pessoas uma grande angústia. O rosto dos ninivitas está pálido. A cidade que semeou violência está colhendo o que plantou. A cidade que, com crueldade arrasou cidades inteiras está sendo arrasada. A cidade que saqueou o mundo e edificou seus soberbos monumentos com sangue está agora sendo pilhada. A cidade que impôs terror aos povos agora está tremendo de medo.

Em segundo lugar, *a selvageria que os assírios impuseram aos outros povos vem agora sobre eles* (2.11,12). *Onde está, agora, o covil dos leões e o lugar do pasto dos leõezinhos, onde passeavam o leão, a leoa e o filhote do leão, sem que ninguém os espantasse? O leão arrebatava o bastante para os seus filhotes, estrangulava a presa para as suas leoas, e enchia de vítimas as suas cavernas, e os seus covis, de rapina*. Por muito tempo a Assíria havia-se mostrado como leão feroz no modo de tratar as suas vítimas. O império assírio invadia cidades, conquistava terras, saqueava as riquezas e trazia todos os bens para o desfrute de seus filhos, que como um bando de leões se alimentavam da carcaça dos povos. Mas, agora, esses mesmos leões que arrebatavam o bastante para seus filhotes, estrangulando a presa para as suas leoas, enchendo de vítimas as suas cavernas, e os seus covis, de rapinas, agora estão sofrendo a mesma selvageria. O mal que fizeram aos outros está caindo sobre sua própria cabeça. O que plantaram, agora eles estão colhendo. A violência que espalharam voltou contra eles mesmos. O leão não trará mais presa para o seu covil. As conquistas de Nínive terminaram, para sempre!

Em terceiro lugar, *o juízo de Deus sobre os ninivitas é devastador* (2.13). *Eis que eu estou contra ti, diz o S*ENHOR *dos Exércitos; queimarei na fumaça os teus carros, a espada devorará os teus leõezinhos, arrancarei da terra a tua presa, e já não se ouvirá a voz dos teus embaixadores.* Deus Se coloca contra Nínive. O Senhor dos Exércitos, e não os exércitos invasores, é o protagonista desse juízo. Os ninivitas cairão à espada e serão levados cativos. O cerco e a tomada da cidade são obra de Deus. Os caldeus e os medos são apenas os instrumentos. A cidade mais rica do mundo foi de tal modo devastada que até mesmo anos depois era impossível saber que ali existira essa poderosa metrópole. Crabtree diz que Nínive está perante o tribunal da justiça de Deus. E ali a cidade é condenada e destruída. Nada menos do que a destruição é a recompensa justa da opressão, da violência e da crueldade que os assírios haviam praticado contra outras nações por tanto tempo. De igual modo, o Senhor da justiça está na direção de todas as nações do mundo que arrogantemente desprezam os princípios da retidão e da justiça no exercício do Seu poder e autoridade.[7]

NOTAS

[1] CRABTREE, A. R. *Profetas menores*, p. 211-212.
[2] FEINBERG, Charles L. *Os profetas menores*, p. 196.
[3] PAPE, Dionísio. *Justiça e esperança para hoje*, p. 78.
[4] WIERSBE, Warren W. *Comentário bíblico expositivo*, p. 504.
[5] CRABTREE, A. R. *Profetas menores*, p. 213.
[6] IBIDEM, p. 214.
[7] IBIDEM, p. 215-216.

Capítulo 4

A destruição completa de Nínive
(Na 3.1-19)

A MENSAGEM DE CONSOLO ao povo oprimido de Judá passava pelo relato da destruição total de Nínive, a cidade de seus opressores. Destacamos a seguir algumas lições do texto em apreço.

Um lamento sobre a cidade de Nínive (3.1)

O profeta Naum lança um ai de lamento sobre a cidade de Nínive. Esse "ai" é como um gemido de dor pela tragédia da morte. As nuvens carregadas do juízo derramariam sobre Nínive o aguaceiro da ira de Deus. O profeta descreve Nínive de três formas, como vemos a seguir.

Em primeiro lugar, *uma cidade sanguinária* (3.1a). *Ai da cidade sanguinária...* A cidade de Nínive, capital do império assírio, era o símbolo mais horrendo da violência contra os povos. Os soldados assírios não tinham nenhuma piedade. Matavam gente sem nenhuma consideração por idade ou sexo e empilhavam os corpos como se fossem entulho.[1] Não se satisfaziam apenas em pilhar as cidades, mas também matavam as pessoas, degolando-as e amontoando seus corpos na entrada das cidades. Esse "ai" do juízo divino vem sobre a cidade de Nínive por causa dessa violência impiedosa. Aqui se cumpre o preceito bíblico: *... aquilo que o homem semear, isso também ceifará* (Gl 6.7).

Em segundo lugar, *uma cidade rendida à mentira* (3.1b). *... toda cheia de mentiras...* Crabtree diz, com razão, que os ninivitas sempre se mostraram desonestos, insidiosos, fraudulentos e indignos de confiança.[2] O profeta Naum não encontra outra expressão para descrever a cidade, a não ser que ela era cheia de mentiras. A mentira procede do diabo e atende a seus propósitos nefastos. É a mãe do engano. Patrocina o erro. Escraviza as consciências. Destrói a alma. Atrai o juízo divino. Nínive não estava apenas aliançada com a mentira; estava cheia de mentira. Não havia nela verdade alguma. A mentira prevalecia em todos os setores da cidade. A mentira não era exceção, mas regra.

Em terceiro lugar, *uma cidade que se enriqueceu pelo roubo* (3.1c). *... e de roubo...* A cidade estava cheia de roubo. Os tesouros que eles ostentavam foram pilhados dos povos. O luxo cheio de ostentação que mostravam não era fruto do seu trabalho, mas da opressão. Os bens mal adquiridos acabam se tornando combustível para a destruição dos ladrões.

Em quarto lugar, *uma cidade opressora* (3.1d). *... e que não solta a sua presa!* Nínive não apenas matava, mentia e roubava os povos, mas também, aos que sobreviviam à sua truculência, mantinha-os vassalos, tendo de lhe pagar pesados tributos. Eles não soltavam a presa. Ninguém conseguia escapar de suas mãos pejadas de opressão.

Uma luta inglória e uma matança impiedosa (3.2,3)

Naum registra, com cores fortes, a cena da invasão dos soldados caldeus e medos, arrasando por completo a cidade de Nínive. Duas coisas devem ser aqui destacadas:

Em primeiro lugar, *uma invasão militar assombrosa* (3.2,3a). *Eis o estalo de açoites e o estrondo das rodas; o galope de cavalos e carros que vão saltando; os cavaleiros que esporeiam*... É notória a superioridade militar do exército confederado que invade Nínive. O profeta registra a cena com os sons dos dominadores em movimento. A cavalaria e as carruagens dos inimigos que invadiram Nínive fizeram trepidar a cidade opulenta e fizeram tremer os soldados mais corajosos. A soberba da cidade inexpugnável virou água diante de seus adversários. A invasão militar que tomou Nínive era, de fato, assombrosa.

Em segundo lugar, *uma vitória esmagadora* (3.3b). *... a espada flamejante, o relampejar da lança e multidão de traspassados, massa de cadáveres, mortos sem fim; tropeça gente sobre os mortos*. O mesmo que os assírios faziam com os povos conquistados, os soldados caldeus e medos fazem agora com os ninivitas. Há um banho de sangue, uma carnificina medonha. Os habitantes da soberba cidade são passados a fio de espada e atravessados pelas lanças, e seus corpos são amontoados nas ruas, a ponto de as pessoas, na tentativa de fugirem da tragédia, tropeçarem sobre os mortos. Aqueles que semearam violência estão colhendo violência. Aqueles que semearam ventos estão colhendo tempestade. Aqueles que impuseram terror sobre as nações estão agora sofrendo acachapante derrota.

A completa ruína de Nínive, a encantadora meretriz (3.4-7)

O profeta Naum passa do relato da carnificina imposta aos ninivitas para a causa de sua ruína. Nas Escrituras, a idolatria é associada com frequência à prostituição e, quando consideramos que a principal divindade de Nínive era Ishtar, a deusa da paixão sexual, da fertilidade e da guerra, podemos entender por que Naum usou essa metáfora. Em decorrência de sua cegueira espiritual, os assírios foram seduzidos por essa deusa pagã e estavam sob o controle da lascívia, da ganância e da violência. As pessoas tornam-se semelhantes ao deus que adoram (Sl 115.8), pois aquilo em que o homem crê determina a forma como ele se comporta. A Assíria espalhou essa influência maligna para outras nações e escravizou-as com sua feitiçaria.[3] Agora, está recebendo o justo pagamento de sua idolatria abominável.

Destacamos a seguir alguns pontos:

Em primeiro lugar, *a prostituição desenfreada de Nínive para seduzir os povos* (3.4a). *Tudo isso por causa da grande prostituição da bela e encantadora meretriz...* Os assírios não estavam errados apenas quanto às suas crenças, mas também quanto à sua conduta moral. A vida desregrada e a imoralidade desavergonhada foram marcas desse povo que oprimiu as nações. Agora, eles estão recebendo o pagamento de sua prostituição. A bela e encantadora meretriz não passa de uma megera monstruosa que está sofrendo as consequências de sua despudorada prostituição.

Em segundo lugar, *a feitiçaria enganadora de Nínive para oprimir os povos* (3.4b). *... da mestra de feitiçarias, que vendia os povos com a sua prostituição e as gentes, com as suas feitiçarias.*

A destruição completa de Nínive

O envolvimento dos assírios com os falsos deuses levou-os à imoralidade, e essa mistura do paganismo com a promiscuidade levou-os a oprimir os povos, fazendo comércio deles. Não obstante Deus ter usado a Assíria para disciplinar Israel e Judá, agora, em virtude de sua justiça, Deus está castigando a Assíria por causa dos seus terríveis pecados contra os povos que, com truculência desumana, ela oprimiu.

Como já afirmamos, Naum descreveu Nínive como uma prostituta e mestra de feitiçarias (3.4,5). Era em Nínive que ficava o templo de Ishtar, a deusa representada como uma meretriz. Portanto, a imoralidade sexual era comum naquela cidade. Nínive havia saqueado muitas nações e tinha um desejo insaciável por poder. Muitos na sociedade assíria também praticavam magia e adivinhação. Porém, qualquer coisa na qual Nínive confiasse iria falhar, pois Deus iria envergonhá-la diante das nações e amontoar desgraças sobre ela.[4]

Em terceiro lugar, *a justa retribuição divina a Nínive* (3.5a). *Eis que eu estou contra ti, diz o* SENHOR *dos Exércitos...* Os exércitos caldeu e medo foram apenas os instrumentos da derrubada de Nínive, mas Deus foi o verdadeiro autor. Ele é quem levanta e abate reinos. Aqueles que escolhem o caminho do mal terão de enfrentar, inevitavelmente, o Deus do juízo. De Deus não se zomba, e o que o homem semear, isso ele ceifará.

Em quarto lugar, *a humilhação pública de Nínive* (3.5b). *... levantarei as abas de tua saia sobre o teu rosto, e mostrarei às nações a tua nudez, e aos reinos, as tuas vergonhas*. No Oriente, este é um gesto vergonhoso contra uma mulher (Is 47.3; Ez 16.37-41). A vergonha de Nínive se tornará tão pública quanto sua glória pretérita. Nínive foi uma linda e encantadora meretriz, mas, agora, sua vergonha é pública, seu opróbrio é notório e sua humilhação é total. Nínive precisa beber do próprio cálice que deu aos povos. A expressão usada pelo profeta é uma demonstração de que Nínive seria exposta a uma execração indisfarçável.

Em quinto lugar, *o opróbrio vergonhoso de Nínive* (3.6). *Lançarei sobre ti imundícias, tratar-te-ei com desprezo e te porei por espetáculo.* É digno de nota que Deus é o agente dessa ação. Deus usou os exércitos invasores, porém a mão por trás dessa amarga providência era a mão do Deus dos Exércitos. Nenhuma tropa, por mais armada que seja, pode resistir ao Senhor dos Exércitos quando Ele Se levanta para exercer o Seu juízo. Nínive, que se gloriava de sua força, está recebendo excremento na cara. Nínive, que se sentia dona do mundo, está sendo desprezada. Nínive, que era temida em toda a terra, se tornou um espetáculo horrendo para os povos.

Em sexto lugar, *a destruição completa de Nínive* (3.7). *Há de ser que todos os que te virem fugirão de ti e dirão: Nínive está destruída; quem terá compaixão dela? De onde buscarei os que te consolem?* A cidade magnífica e rica se torna um monte de ruínas. As nações se afastam de Nínive. A cidade sanguinária está destruída e ninguém se compadece dela. Seus habitantes estão sendo abatidos e ninguém aparece para consolá-la. Sua destruição é completa. É digno de destaque que, quando a Assíria ainda estava exercendo o seu grande poder no domínio cruel de nações pequenas e fracas, o profeta Isaías também declarou que o Senhor castigaria o arrogante rei da Assíria (Is 10.12). Fica evidente aqui o que escreveu o apóstolo Paulo: ... *o salário do pecado é a morte...* (Rm 6.23).

A completa ruína de Nínive exemplificada (3.8-19)

O profeta Naum reforça a profecia da destruição de Nínive recorrendo à queda de Nô-Amom, a bela, rica e inexpugnável cidade de Tebas, no Egito. Destacamos a seguir alguns pontos.

Em primeiro lugar, *a poderosa cidade de Tebas foi destruída completamente* (3.8-10). Vejamos a descrição de Naum:

> És melhor do que Nô-Amom, que estava situada entre o Nilo e seus canais, cercada de águas, tendo por baluarte o mar e ainda o mar, por muralha? Etiópia e Egito eram a sua força, e esta, sem limite; Pute e Líbia, o seu socorro. Todavia, ela foi levada ao exílio, foi para o cativeiro; também os seus filhos foram despedaçados nas esquinas de todas as ruas; sobre os seus nobres lançaram sortes, e todos os seus grandes foram presos com grilhões (3.8-10).

A cidade de Nô-Amom, conhecida como Tebas, era uma verdadeira fortaleza e mesmo assim caiu nas mãos dos caldeus. Amom era o nome da divindade pagã adorada em Tebas, a quem a cidade fora dedicada e a quem a cidade adorava. Essa cidade foi a mais famosa do Egito entre 1580 e 1205 a.C. Era adornada de magnificentes monumentos. Até hoje os arqueólogos ficam admirados com suas ruínas. Tebas era o centro de um grande império.[5]

Destacamos a seguir alguns pontos a respeito da cidade.

Primeiro, Tebas foi destruída apesar de suas defesas hídricas naturais (3.8). As muralhas que protegiam a cidade eram indevassáveis. A privilegiada localização geográfica de Tebas fazia dela uma fortaleza inexpugnável. Mesmo assim, ela caiu. Tebas era a capital egípcia. Estava situada 220 quilômetros ao norte da primeira catarata do Nilo e a 700 quilômetros de Mênfis. Tebas foi capturada por

Assurbanipal em 663 a.C. (Jr 46.25; Ez 30.14,16). As escavações modernas em Luxor e Karnak, com a descoberta de templos magníficos, testificam que Tebas foi uma das mais importantes cidades do mundo por um período de 1.400 anos. A cidade de Tebas tinha cem portas. Foi a capital dos faraós da 18ª até a 20ª dinastia, e sua arquitetura foi tal que despertou a admiração dos gregos e dos romanos.[6] Não obstante o seu grande poder, Tebas foi levada ao exílio, e os soldados do exército de Assurbanipal despedaçaram os pequeninos nas esquinas de todas as ruas. Prenderam todos os nobres de Tebas e os amarraram com grilhões.[7]

Segundo, Tebas foi destruída apesar de suas alianças políticas e militares (3.9). Tebas tinha alianças políticas e militares com a Etiópia e o Egito. Estes eram sua força. Tinha também acordo de cooperação com Pute e a Líbia. Via nestes o seu socorro. Mas, não obstante suas alianças, Tebas foi destruída.

Terceiro, Tebas foi arrasada impiedosamente (3.10). A cidade protegida foi levada para o exílio. Seus filhos foram despedaçados nas esquinas de todas as ruas. Seus nobres foram sorteados como um produto a ser comercializado. Os seus grandes foram presos em grilhões e levados embora como escravos.

Em segundo lugar, *a vulnerabilidade de Nínive foi exposta claramente* (3.11-13). Depois de narrar a destruição de Tebas, Naum volta sua atenção para Nínive a fim de dizer-lhe que esse será também seu destino. Destacamos a seguir alguns pontos.

Primeiro, uma cidade embriagada pelo vinho da ira de Deus (3.11). *Também tu, Nínive, serás embriagada e te esconderás; também procurarás refúgio contra o inimigo*. Nínive está completamente vulnerável, embriagada pelo cálice da ira de Deus e pelo medo covarde diante do inimigo.

Segundo, uma cidade madura para o juízo (3.12). *Todas as tuas fortalezas são como figueiras com figos temporãos; se os sacodem, caem na boca do que os há de comer.* Em contraste com as fortificações de Tebas, as fortalezas de Nínive agora são como figueiras com figos temporãos, os quais, quando sacudidos, caem na boca do comedor.[8] A cidade está completamente vulnerável. A Assíria é como um fruto maduro que, ao ser chacoalhado, cairá na boca de seus inimigos.

Terceiro, uma cidade enfraquecida e assaltada pelo terror (3.13). *Eis que as tuas tropas, no meio de ti, são como mulheres; as portas do teu país estão abertas de par em par aos teus inimigos; o fogo consome os teus ferrolhos.* Nínive e Tebas eram as duas grandes cidades do mundo antigo. Como Tebas, bem fortificada, caiu sob o poder dos assírios, assim Nínive, o orgulho dos assírios, cairá sob o poder dos babilônios e seus aliados.[9] O poder da Assíria é aqui ridicularizado. Suas tropas outrora imbatíveis e ferozes tornar-se-ão frágeis fisicamente como as mulheres. Suas defesas serão inteiramente inadequadas. As portas protetoras que mantinham sempre do lado de fora os invasores estavam agora abertas e escancaradas aos seus inimigos. As trancas e os ferrolhos que garantiam sua segurança dentro dos muros viraram agora cinzas pela violência do fogo.

Em terceiro lugar, *os preparativos para a resistência à invasão de Nínive são completamente inúteis* (3.14-17). O profeta Naum, agora, usa de uma linguagem sarcástica para dizer que qualquer tentativa de evitar a invasão dos soldados caldeus e medos será inútil. Destacamos a seguir alguns pontos.

Primeiro, ajuntar suprimentos não ajudará os habitantes de Nínive a escaparem da tragédia (3.14). *Tira água para o tempo do cerco, fortifica as tuas fortalezas, entra no barro e pisa a massa, toma a forma para os ladrilhos.* O profeta aconselha ironicamente que a cidade tire água para suprir as necessidades do povo no período do sítio e que fortaleça suas fortificações. Para reparar qualquer parte do muro que o inimigo porventura pudesse destruir, os ninivitas deveriam entrar no barro, pisar argamassa e fabricar tijolos.[10] Naum usa uma linguagem sarcástica para mostrar aos ninivitas que todos os seus expedientes para evitar o cerco e a invasão serão inúteis.

Segundo, a devastação de Nínive será ampla e completa (3.15). *No entanto, o fogo ali te consumirá, a espada te exterminará, consumir-te-á como o gafanhoto. Ainda que te multipliques como o gafanhoto e te multipliques como a locusta.* Nínive poderia fazer tudo que pudesse para tentar defender-se contra o sítio do inimigo: tirar água, fabricar tijolos, fortalecer as defesas, aumentar o número dos seus negociantes mais do que estrelas dos céus, mas tudo seria em vão. A cidade será completamente destruída pelo fogo e pela espada.[11] O profeta Naum diz que Nínive será encurralada e destruída por dois agentes: o fogo e a espada. Essa devastação será tão arrasadora como a invasão de um bando de gafanhotos. Quando estes atacam, deixam para trás um rastro de destruição.

Terceiro, os mercadores de Nínive, embora numerosos, não poderão protegê-la (3.16). *Ainda que fizeste os teus negociantes mais numerosos do que as estrelas do céu, o gafanhoto devorador invade e sai voando.* Os negociantes de Nínive eram muitos e notórios, mas eles seriam saqueados e devastados, como quando o gafanhoto devorador chega, invade e sai voando. A ruína deles seria inevitável. A causa deles estava irremediavelmente perdida. A queda de Nínive já estava lavrada.

Quarto, a liderança política de Nínive não a socorrerá (3.17). *Os teus príncipes são como os gafanhotos, e os teus chefes, como os gafanhotos grandes, que se acampam nas sebes nos dias de frio; em subindo o sol, voam embora, e não se conhece o lugar onde estão.* Naum deixa claro que nem a burocracia econômica (3.16) nem o poderio militar (3.17) poderão dar o apoio esperado; antes, em pânico, a liderança dá início à fuga de diante dos invasores.[12] Naum declara que os príncipes e os chefes desaparecerão no dia da invasão. Crabtree escreve: "Por mais numerosos e poderosos que sejam os nobres de Nínive, eles desvanecerão como as locustas quando o sol se levanta".[13]

Em quarto lugar, *a total falta de apoio ao rei e à população revela a situação irreversível da nação* (3.18). *Os teus pastores dormem, ó rei da Assíria; os teus nobres dormitam; o teu povo se derrama pelos montes, e não há quem o ajunte.* David Baker diz que os pastores investidos de responsabilidade pela direção e governo do povo (Jr 17.16; Zc 10.2,3) e seus nobres dormem em serviço. Eles não darão ajuda alguma durante a invasão vindoura. Nem a população em geral, que estará dispersa. Restaurar o povo "espalhado" era o dever dos pastores, mas eles não o cumpriram.[14] Naum deixa claro que a nação que praticou genocídio na destruição do reino de Israel sofrerá a mesma calamidade. Nas últimas horas de sua história como nação, os pastores e os nobres de Nínive dormiam, e os sobreviventes foram espalhados como ovelhas sem pastor.

Em quinto lugar, *o império assírio morrerá por sua ferida incurável* (3.19). *Não há remédio para a tua ferida; a tua chaga é incurável; todos os que ouvirem a tua fama baterão palmas sobre ti; porque sobre quem não passou continuamente a tua maldade?* A poderosa e temida Assíria está doente. Para a sua ferida não há remédio. A sua chaga é incurável. A cidade foi longe demais para retornar. Agora, o juízo está lavrado. Não há remédio que possa abrandar a ferida mortal do poderoso império que tinha dominado opressivamente o mundo civilizado por um período de cinco séculos. A chaga de Nínive é gangrenosa. Sua morte é certa e inevitável.[15]

Sua queda não provocará tristeza nos povos, uma vez que não houve nação que não sentisse na pele suas maldades. Os povos que haviam sofrido sob o jugo da opressão da Assíria receberão as notícias da queda de Nínive com estrondoso aplauso. As nações que foram oprimidas estão batendo palmas, e o povo de Judá está testemunhando tanto a bondade de Deus com eles como o juízo de Deus contra seus opressores. Concordo com a declaração de David Baker: "Deus não é apenas gracioso em abençoar aqueles que, arrependidos, voltam-se para ele, mas também justo em lidar com o pecado e a rebelião contra ele próprio e contra o seu povo (Ap 11.16-18; 15.3,4; 16.4-7)".[16] Charles Feinberg diz que, após a destruição de Nínive, a cidade desapareceu por completo da história. A partir de 1842, o francês Botta e os ingleses Layard e Rawlinson escavaram o sítio e descobriram restos dessa outrora magnífica cidade.[17] A luz de Nínive se apagou para nunca mais voltar a brilhar. Triste fim!

Notas

[1] WIERSBE, Warren W. *Comentário bíblico expositivo*, p. 505.
[2] CRABTREE, A. R. *Profetas menores*, p. 217.
[3] WIERSBE, Warren W. *Comentário bíblico expositivo*, p. 505.
[4] ARNOLD, Bill T.; BEYER, Bryan E. *Descobrindo o Antigo Testamento*, p. 457-458.
[5] BUTTERWORTH, Mike. *Nahum*, p. 838-839.

[6] FEINBERG, Charles L. *Os profetas menores*, p. 202.
[7] CRABTREE, A. R. *Profetas menores*, p. 220-221.
[8] IBIDEM, p. 222.
[9] IBIDEM.
[10] IBIDEM, p. 223.
[11] IBIDEM.
[12] BAKER, David W. *Naum*, p. 318.
[13] CRABTREE, A. R. *Profetas menores*, p. 224.
[14] BAKER, David W. *Naum*, p. 318.
[15] CRABTREE, A. R. *Profetas menores*, p. 224-225.
[16] BAKER, David W. *Naum*, p. 319.
[17] FEINBERG, Charles L. *Os profetas menores*, p. 203.

SOFONIAS

Capítulo 1

Introdução ao livro de Sofonias

TENDO EXPOSTO A MENSAGEM do livro de Naum, agora vamos examinar o livro de Sofonias. Esse é o 36º livro do Antigo Testamento, o novo profeta menor, contendo 3 capítulos, 53 versículos e 1.617 palavras.[1] Tanto Naum como Sofonias profetizaram, de igual modo, para o Reino do Sul.

Paul R. Fink diz que Sofonias é um livro de contrastes, pois nenhum outro profeta pinta um quadro tão escuro do julgamento divino, e nenhum outro profeta pinta um quadro tão brilhante da futura glória de Israel, como o faz Sofonias.[2]

Vamos destacar alguns pontos importantes a seguir, para melhor compreensão da mensagem desse profeta.

O autor

Muito provavelmente, Sofonias era um príncipe, bem como um profeta, em virtude de ser um ancestral de Ezequias, piedoso rei de Judá (1.1).[3] Essa forma de apresentação de Sofonias não é usual. Normalmente, mencionava-se apenas o nome do pai do profeta, mas, nesse caso, a árvore genealógica é apresentada. E, diga-se de passagem, é a mais longa genealogia dentre as dos profetas, destacando-se o rei Ezequias, tetravô de Sofonias, homem cujo nome é cercado de honra, para mostrar a nobre procedência do profeta. Carlos Osvaldo Pinto diz que Sofonias, então, seria o único profeta do Antigo Testamento com tal parentesco real, sendo possivelmente primo do rei Josias, em cujo reinado ministrou.[4]

Essa linhagem real do profeta é dada, muito provavelmente, para evitar que alguém o associasse a uma ancestralidade cusita (egípcia), sobretudo porque os egípcios eram excluídos da congregação de Israel até a terceira geração (Dt 23.7,8), ou para dar a ele franco acesso ao pátio real, ou então lhe garantir certa posição pela qual pudesse emprestar peso adicional à reforma radical promovida pelo jovem rei Josias.[5] Foi nos dias de Josias (640-609 a.C.), o último rei piedoso de Judá (2Rs 22–23; 2Cr 34–35), que a palavra do Senhor veio a Sofonias.

Segundo Palmer Robertson, o nome Sofonias significa "aquele a quem Iavé oculta" ou "o escondido de Iavé", no sentido de Salmo 27.5: *Pois, no dia da adversidade, ele me ocultará no seu pavilhão; no recôndito do seu tabernáculo me acolherá; elevar-me-á sobre uma rocha.*[6] Paul Gardner corrobora essa ideia, dizendo que o verbo do qual seu nome deriva ocorre frequentemente com a ideia de ser escondido do mal por Iavé (Sl 27.5; 31.20) ou de seus santos serem seus tesouros protegidos (Sl 83.3). Ambos os sentidos são apropriados para descrever o relacionamento deste profeta com o Senhor.[7]

Há quem suponha que o profeta nasceu durante o período da matança do rei Manassés (2Rs 21.16). Warren Wiersbe diz que o nome "Sofonias" sugere, também, a ideia de que "Iavé protege", além de descrever o ministério de proteção de Deus a Seu povo fiel quando chegar o dia da Sua ira (2.3).[8] Isaltino Gomes diz que, assim como Sofonias foi escondido, o povo poderia ser escondido, caso viesse a se arrepender de seu mau caminho.[9]

No Antigo Testamento, há quatro indivíduos diferentes com o nome de Sofonias. O primeiro deles é o profeta (1.1). O segundo é um sacerdote muito influente, filho de Maasias (Jr 21.1; 29.25-29; 37.3; 52.24; 2Rs 25.18). O terceiro é um judeu importante que voltou do cativeiro babilônico para Jerusalém (Zc 6.10,14). E o último parece ser um senhor da família de cantores (1Cr 6.18-21).

A data

Sofonias exerceu o ministério cerca de meio século depois de Naum. No tempo de Sofonias, o inimigo de Israel era a Babilônia, e não mais a Assíria, como no caso de Naum.[10]

Sofonias profetizou nos dias do rei Josias (1.1). O referido rei governou em Judá no período de 640 a 609 a.C. Josias promoveu uma reforma em Judá em virtude da descoberta do Livro da Lei no templo em 621 a.C. (2Cr 34.14-18).

William MacDonald diz que os estudiosos das Escrituras estão divididos quanto a se Sofonias escreveu antes ou depois da reforma religiosa de 621 a.C.[11] Se escreveu antes da reforma, certamente sua profecia contribuiu para essa reforma; se, porém, profetizou depois da reforma, fica claro que a nação não passou por um arrependimento suficientemente profundo para evitar o juízo. Carlos Osvaldo menciona a expressão "o resto de Baal" (1.4) como um indicador histórico da data posterior à reforma, uma vez que essa expressão sugere que alguma purificação religiosa já havia ocorrido, porém não de modo suficiente para varrer por completo o baalismo de Judá. O rei Josias havia arrancado Judá da fossa religiosa para a qual Manassés e Amom haviam empurrado o povo de Deus. Porém, apesar das realizações militares e religiosas de Josias, apenas um pequeno remanescente seguiu com plena dedicação ao rei em seu retorno à fé centrada em Iavé.[12]

Sofonias profetiza também a queda de Nínive (2.15) e a derrota do império assírio, fato ocorrido em 612 a.C. Portanto, Sofonias deve ter exercido seu ministério profético antes desses acontecimentos. Isso o coloca como contemporâneo de Jeremias.

Warren Wiersbe destaca que, em termos políticos, aqueles foram tempos conturbados. A Assíria estava perdendo poder, os citas estavam invadindo do Norte, e a Babilônia se tornava o principal império. O rei Manassés (697-642 a.C.) havia levado o povo de Judá a afundar-se cada vez mais na idolatria e na adoção de ideias e de costumes estrangeiros, e o rei Josias havia procurado reverter essa tendência. Infelizmente, o rei Josias morreu no campo de batalha antes de concluir seu trabalho, e seus sucessores no trono foram governantes fracos e permitiram que o povo retornasse a seus caminhos maus.[13]

Embora a idolatria tenha sido praticamente abolida nos dias de Josias, ainda ficou um resquício (1.4). Nesse tempo, tanto o Estado como a religião estavam fermentados pela corrupção. Príncipes e juízes, sacerdotes e profetas, estavam vivendo em pecado. A lei era desobedecida, e a adoração a

Baal e Milcom ainda era tolerada (1.4-6). A verdadeira religião era praticamente inexistente. Muitas pessoas viviam atreladas à idolatria (1.4), ao sincretismo (1.5) ou à indiferença (1.5,6).

O contexto político

O longo reinado de Manassés, filho de Ezequias, em Judá foi marcado por densas trevas espirituais. Seu filho Amom seguiu seus passos e manteve-se no trono por apenas dois anos. A reforma realizada pelo rei Josias não foi profunda e ampla o suficiente para erradicar a idolatria promovida por Manassés. Os reis que o sucederam, além de fracos politicamente, continuaram na prática dos mesmos pecados de Manassés, liderando o povo em sua rebeldia contra Deus. O juízo divino tornou-se inevitável (Jr 15.1-4).

Nesse tempo, o poder do grande império assírio começou a enfraquecer e o poder do Egito se fortificou até ser desbancado pelos caldeus em 605 a.C. A partir daí, a Babilônia tornou-se dona do mundo e o maior poder mundial. A profecia de Sofonias aponta para a invasão dos caldeus à cidade de Jerusalém e sinaliza o amargo cativeiro babilônico. É nesse tempo conturbado politicamente que Sofonias entrega a sua profecia.

John MacArthur, tratando dessa questão, escreve:

> Em termos políticos, a transferência iminente do poder mundial das mãos dos assírios para os babilônios enfraqueceu o domínio exercido por Nínive sobre Judá, fazendo soprar ventos de independência sobre o Reino do Sul pela primeira vez em cinquenta anos. O desejo do rei Josias de manter sua recém-obtida liberdade das tributações e subserviência sem dúvida o levou a interferir posteriormente na tentativa do Egito de impedir a fuga do reino de Nínive em 609 a.C. (2Cr 35.20-27).[14]

O contexto religioso

Gleason Archer Jr. diz que as condições morais e religiosas prevalecentes à época de Sofonias eram baixas, por causa da influência maligna dos reinados de Manassés e Amom.[15] O longo reinado de Manassés (696-642 a.C.) foi um período de total subserviência à Assíria. A submissão política como um vassalo da Assíria significava submissão aos deuses assírios, especialmente a adoração aos corpos celestes (2Rs 21.5). Sofonias denunciou esse pecado (1.5). Quando a porta se abriu para uma religião estrangeira, outras naturalmente entraram. Uma vez que a exclusividade da adoração ao Deus de Israel foi abandonada, os cultos palestinos foram aceitos abertamente. O Baal cananeu foi abertamente adorado (2Rs 21.3), como Sofonias provou (1.4). Sofonias condenou ainda os adoradores de Moloque (1.5), que sacrificavam crianças a esse deus amonita (1Rs 11.7; 2Rs 23.10). O imperialismo internacional significou o enfraquecimento de uma cultura nacional, de modo que os costumes estrangeiros foram praticados, provavelmente em vestimentas com sobretons religiosos (1.8,9).[16]

H. Ray Dunning corrobora a ideia dizendo que, correlacionada aos perigos políticos de fora, estava a decadência ética dentro da nação hebraica.[17] No reinado de Manassés, a verdadeira religião foi praticamente banida de Judá e os costumes assírios, com seu modo de culto, foram incorporados. Idolatria, astrologia, feitiçaria foram implantados em Jerusalém e em todo o Reino do Sul (2Cr 33.1-17; 2Rs 21.9).

Manassés chegou a sacrificar seus próprios filhos a deuses pagãos, erigindo santuários "a todo exército dos céus" na casa do Senhor, incrementando, outrossim, a prática condenável da adivinhação e da comunicação com os mortos. Quando Sofonias entrou em cena, essa influência ainda predominava no meio do povo da aliança. Reinados depois, o mal efetuado por Manassés ainda perdurava, como se depreende do texto bíblico: *Enviou o SENHOR contra Jeoaquim bandos de caldeus, e bandos de siros, e de moabitas, e dos filhos de Amom; enviou-os contra Judá para o destruir, segundo a palavra que o SENHOR falara pelos profetas, seus servos. Com efeito, isto sucedeu a Judá por mandamento do SENHOR, que o removeu da sua presença, por causa de todos os pecados cometidos por Manassés* (2Rs 24.2,3).

Isaltino Gomes diz que os pecados que Sofonias condenou no seu livro foram os mesmos pecados que Josias tentou tirar do país (2Rs 23.4-20) na sua grande reforma. Infelizmente, era uma reforma patrocinada pelo rei em vez de um verdadeiro avivamento espiritual do povo, ou seja, uma reforma institucionalizada em vez de uma regeneração experimentada, pois a reforma acabou quando Josias morreu (2Rs 23.32). Ela não conseguiu alcançar o coração do povo, apesar dos esforços de Sofonias e Jeremias e da enorme disposição de Josias. Em apenas três meses de reinado, Jeoacaz, filho de Josias, pôs abaixo o que o pai fizera (2Rs 23.31,32).[18]

John MacArthur é enfático ao dizer que os efeitos de meio século de liderança perversa deixaram uma nação atolada no pecado, e a reforma de Josias resultou apenas em mudanças superficiais. Até a descoberta da Lei de Deus nos escombros do templo teve pouco efeito no longo prazo sobre o comportamento do povo. A reforma de Josias foi tardia demais e não sobreviveu à sua morte.[19]

O propósito do livro

Sofonias faz às duas tribos do Reino do Sul o que Oseias fez às dez tribos do Reino do Norte. Oseias é o primeiro, e Sofonias é o último dos profetas menores antes do cativeiro. Ambos fizeram tanto uma retrospectiva como uma prospectiva. À semelhança de Joel, Sofonias alerta sobre o julgamento e faz uma convocação ao arrependimento. Tanto Joel quanto Sofonias vão do passado ao futuro até chegarem à visão apocalíptica de uma raça regenerada vivendo no meio da indizível paz de um universo restaurado.

Russell Champlin é oportuno quando escreve sobre o propósito de Sofonias:

> Sofonias predisse a queda de Judá e de Jerusalém como acontecimentos inevitáveis (1.4-13), em face da degeneração religiosa que ali reinava. Todavia, esse julgamento local é visto pelo profeta contra o pano de fundo do quadro maior dos últimos dias, que as Escrituras também chamam de Dia do Senhor (1.4-18; 2.4-15). Por conseguinte, o propósito central do autor sagrado foi, principalmente, despertar os piedosos para que se voltassem de todo o coração ao Senhor, a fim de escaparem da condenação quando do futuro dia do juízo (2.1-3), tornando-se parte do remanescente que haverá de desfrutar as bênçãos do reino de Deus (3.8-20). Isso significa que o livro não é obsoleto para nós; antes, à medida que se aproximarem os últimos dias, mais e mais o livro terá aplicação e utilidade para nossa meditação e orientação.[20]

O tema principal do livro

O tema principal do livro de Sofonias é o Dia do Senhor. O profeta descreve-o como o dia da visitação da ira de Deus sobre o Seu povo e sobre as nações. Na verdade, toda a terra será atingida pelo zelo da ira de Deus. Concordo com Warren

Wiersbe quando ele diz que o Dia do Senhor é um conceito bíblico importante, pois ele nos mostra para onde estão indo as coisas e como terminarão.[21] Isaltino Gomes afirma que, muito mais do que um dia determinado, este significava uma intervenção divina, uma entrada na história. Seria a colocação do mundo ou de determinada situação em ordem.[22]

Gleason Archer Jr. diz que o tema da mensagem de Sofonias é que o Senhor ainda está firmemente no controle do Seu mundo, apesar das aparências contrárias, e que Ele comprovará isso no futuro próximo ao aplicar um castigo terrível sobre a nação desobediente de Judá e a completa destruição das nações pagãs gentias. Somente por meio de um arrependimento em tempo é que haveria possibilidade de escape a essa ira.[23]

Nos dias do profeta Amós, a ideia do Dia do Senhor estava em voga (Am 5.18). Porém, a concepção popular dizia que Deus surgiria em futuro próximo e concederia grande vitória ao Seu povo. Diante disso, a nação aguardava e clamava pelo Dia do Senhor. A mensagem tanto de Amós como de Sofonias, entretanto, deixa claro que o que seria esse dia dependeria da condição moral e espiritual do povo, pois seria um dia em que o Senhor Se manifestaria contra o pecado, quer estivesse em Seu povo quer entre as nações estrangeiras.

Nessa mesma linha de pensamento, Pedro Kramer escreve: "Este Dia de Iavé é descrito como uma intervenção concreta de Deus na história, universalizada através de um julgamento definitivo das pessoas, dos povos e da criação inteira (1.2-7,17,18; 3.8)".[24]

Por descrever o Dia do Senhor com cores tão fortes, H. Ray Dunning diz que o livro de Sofonias é o livro mais explosivo em todo o Antigo Testamento.[25]

O esboço do livro

Concordo com J. Sidlow Baxter quando ele diz que o livro vai do juízo à bênção e sugere três pontos bem distintos: 1) Olhar para dentro – ira vindoura sobre Judá (1.1–2.3); 2) Olhar em volta – ira sobre todas as nações (2.4–3.8); 3) Olhar para além – depois da ira a bênção (3.9-20).[26]

Notas

[1] WATER, Mark. *Enciclopédia de fatos bíblicos*, p. 669.
[2] FINK, Paul R. "Zephaniah". In: *The complete Bible commentary*. Nashville, TN: Thomas Nelson, 1999, p. 1077.
[3] WOLFENDALE, James. *The preacher's complete homiletic commentary on the books of the minor prophets*. Grand Rapids, MI: Baker Books, 1996, p. 524.
[4] PINTO, Carlos Osvaldo Cardoso. *Foco & desenvolvimento no Antigo Testamento*, p. 770.
[5] ROBERTSON, Palmer. *Naum, Habacuque e Sofonias*, p. 319.
[6] IBIDEM, p. 318.
[7] GARDNER, Paul. *Quem é quem na Bíblia Sagrada*. São Paulo, SP: Vida, 2015, p. 621.
[8] WIERSBE, Warren W. *Comentário bíblico expositivo*, p. 525.
[9] COELHO FILHO, Isaltino Gomes. *Os profetas menores II*. Rio de Janeiro, RJ: Juerp, 2002, p. 97.
[10] FEINBERG, Charles L. *Os profetas menores*, p. 225.
[11] MACDONALD, William. *Nahum*, p. 1147.
[12] PINTO, Carlos Osvaldo Cardoso. *Foco & desenvolvimento no Antigo Testamento*, p. 769, 771.
[13] WIERSBE, Warren W. *Comentário bíblico expositivo*, p. 525.
[14] MACARTHUR, John. *Manual bíblico MacArthur*, p. 302.
[15] ARCHER JR., Gleason L. *Panorama do Antigo Testamento*, p. 447.

[16] COMFORT, Philip W.; ELWELL, Walter A. *Dicionário bíblico Tyndale*, p. 1718.

[17] DUNNING, H. Ray. "O livro de Sofonias". In: *Comentário bíblico Beacon*. Vol. 5. Rio de Janeiro, RJ: CPAD, 2015, p. 252.

[18] COELHO FILHO, Isaltino Gomes. *Os profetas menores II*, p. 102.

[19] MACARTHUR, John. *Manual bíblico MacArthur*, p. 303.

[20] CHAMPLIN, Russell Norman. "Sofonias". In: *O Antigo Testamento interpretado versículo por versículo*. Vol. 5. São Paulo, SP: Hagnos, 2003, p. 3631.

[21] WIERSBE, Warren W. *Comentário bíblico expositivo*, p. 526.

[22] COELHO FILHO, Isaltino Gomes. *Os profetas menores II*, p. 103.

[23] ARCHER JR., Gleason L. *Merece confiança o Antigo Testamento?* São Paulo, SP: Vida Nova, 1974, p. 402.

[24] KRAMER, Pedro. *Sofonias*. São Paulo, SP: Fonte Editorial, 2013, p. 19.

[25] DUNNING, H. Ray. *O livro de Sofonias*, p. 256.

[26] BAXTER, J. Sidlow. *Examinai as Escrituras – Ezequiel a Malaquias*, p. 250.

Capítulo 2

O justo julgamento divino
(Sf 1.1-6)

O POVO QUE TANTAS VEZES foi advertido e não deu ouvidos às palavras proféticas vê agora as ameaças sendo executadas, e nesse dia ninguém poderá esconder-se (2.3). A destruição atinge toda a terra. Nesse destrutivo julgamento, destacamos alguns pontos importantes.

A autoridade do profeta (1.1)

O profeta apresenta-se antes de apresentar a mensagem. Destacamos aqui alguns pontos importantes nesse sentido.

Em primeiro lugar, *a autoridade do mensageiro* (1.1). *Palavra do SENHOR que veio a Sofonias...* Sofonias deixa claro que sua mensagem não procede dele mesmo, mas vem do céu, de Deus. O livro começa com a palavra que ele recebe de Deus (1.1) e termina com a expressão *diz o SENHOR* (3.20). Do começo ao fim, a profecia de Sofonias vem de Deus. O profeta não é a origem da mensagem, mas apenas seu instrumento. Sua fonte é o Deus da aliança de Israel. Ele só entrega ao povo o que recebeu de Deus. Sua doutrina não procedia de homens, mas de Deus. O que pregou ao povo foi recebido por divina inspiração. Paul Fink diz que, embora a profecia de Sofonias esteja concentrada primariamente no julgamento divino, ela é chamada de "palavra" (heb., *dabar*) em vez de "sentença" ou "peso" (heb., *massa*).[1]

Palmer Robertson escreveu:

> Jeremias, o contemporâneo de Sofonias, recebeu a ordem de registrar todos os seus dois pronunciamentos proféticos que compreendiam um período de vinte e dois anos e a fazê-lo novamente depois que o arrogante rei Joaquim mutilou e queimou seus escritos (Jr 36.1,2,23,27,28). De modo semelhante, Sofonias foi instruído a preservar seus pronunciamentos às gerações futuras para que elas pudessem ver a palavra de juízo e bênção de Deus concretamente se cumprindo.[2]

Em segundo lugar, *a procedência do mensageiro* (1.1). Sofonias é o quarto descendente do grande e piedoso rei Ezequias, o 14º rei de Judá (716-686 a.C.). Ou seja, ele procede de uma família real. Aqui vemos um rei e seu descendente engajados no serviço divino. Matthew Henry diz que, sendo Sofonias da descendência daquele príncipe piedoso, e pertencendo a uma família real, podia com uma graça melhor reprovar a loucura dos filhos do rei como realmente fez (1.8).[3]

Em terceiro lugar, *o tempo em que o mensageiro profetizou* (1.1). Sofonias profetizou no reinado do rei Josias, um tempo de reforma religiosa, mas esta não foi suficientemente profunda para transformar a vida do povo. Ele foi contemporâneo de Jeremias. Este foi preso e colocado numa cisterna imunda por exortar os líderes de Judá a se entregarem aos babilônios. Warren Wiersbe está correto ao dizer que Deus havia mostrado a Sofonias que o julgamento estava vindo sobre Judá na forma do cativeiro na Babilônia. Porém, a invasão de Judá pela Babilônia era apenas um exemplo do que ocorrerá naquele Dia final do Senhor, que varrerá toda a terra.[4]

A universalidade do julgamento (1.2)

O julgamento sobre Judá, portanto, é precedido pelo julgamento que virá sobre todas as nações. Esse julgamento atingirá toda a terra e as coisas que estão sobre ela. Todas as coisas da face da terra serão varridas. Assim registra Sofonias: *De fato, consumirei todas as coisas sobre a face da terra, diz o* Senhor (1.2). Esse profeta palaciano está com os olhos voltados não apenas para sua terra, mas também para todas as nações da terra. Ele não está tomado por um espírito de vingança. Está, antes, descrevendo o severo e justo castigo de Deus como retribuição ao pecado dos povos. Esse juízo universal está estreitamente ligado ao juízo endereçado ao povo escolhido. Porém, como resultado desse julgamento, nações irão se converter ao Senhor (3.9), e toda a terra será renovada.

David Baker diz que as primeiras palavras de Deus são de juízo, dirigidas inicialmente a todos os seres vivos (1.2,3), ou seja, às criaturas inferiores, afunilando então até chegar aos filhos dos homens, a Seu próprio povo, Judá, e mais especificamente aos habitantes de Jerusalém (1.4-6). Não somente são identificados os que serão punidos, mas também são indicados alguns de seus pecados.[5] Pedro Kramer diz, corretamente, que Iavé anuncia um aniquilamento ou um extermínio de todo ser vivente da face da terra como decisão soberana de Sua vontade.[6]

A severidade do julgamento (1.3)

Assim como no passado o dilúvio foi universal (Gn 6.7), esse julgamento também o será. Essa calamidade será tão terrível quanto o dilúvio. Os seres irracionais: animais, aves e peixes, bem como os seres racionais: os homens, todos serão atingidos por esse grande julgamento divino. Assim escreve o profeta: *Consumirei os homens e os animais, consumirei as aves do céu, e os peixes do mar, e as ofensas com os perversos; e exterminarei os homens de sobre a face da terra, diz o SENHOR* (1.3). O Senhor adverte que destruirá todas as coisas na terra, no ar e no mar. A destruição será universal e completa.[7] Palmer Robertson diz que a ordem em que esses itens são catalogados para destruição é precisamente o inverso da ordem em que eles aparecem na narrativa da criação. Primeiro o homem, depois os animais, os pássaros e os peixes são designados como objetos do juízo consumidor de Deus. Originariamente, Deus criou os peixes, os pássaros, os animais e o homem.[8] Nessa mesma linha de pensamento, Matheus Soares diz que Sofonias profetizou que Deus acabaria com toda a criação na ordem inversa em que a criou.[9]

Tudo nos faz crer que Sofonias não está em oposição às provisões do solene pacto noaico (Gn 8.21), quando Deus prometeu não destruir mais a face da terra. É provável, portanto, que o profeta esteja descrevendo uma cena do juízo cósmico vindouro, quando a terra e o céu passarão (2Pe 3.1-14). Resta claro afirmar que o juízo cósmico que reverterá a criação é ainda futuro.[10]

David Baker ressalta que, com esse juízo, Deus estará desfazendo sua criação, porquanto todas essas palavras se encontram em Gênesis (1.20,24,25,26-28).[11] Vale destacar que os homens não são vítimas indefesas da natureza, uma vez que foram colocados como dominadores de toda a obra criada. A natureza está sofrendo por culpa do homem e compartilhará de seu destino. James Wolfendale está correto quando escreve: "Aprendemos sobre o desgosto divino contra o pecado do homem quando vemos criaturas inocentes sofrendo por ele".[12] Concordo com Paul Fink quando ele diz: "O homem é o principal ofensor. Ele ofende a Deus por meio de uma adoração idólatra; e, como resultado de seu pecado, as criaturas da terra, do ar e do mar devem também sofrer".[13] A severidade das afirmações e a certeza de sua concretização são realçadas pela declaração de Iavé *diz o SENHOR,* registrada duas vezes.[14]

A abrangência do julgamento do povo de Deus (1.4-6)

James Wolfendale tem razão ao dizer que mesmo Judá, onde Deus é conhecido, e mesmo Jerusalém, a cidade santa, são o endereço do julgamento divino. "Estender a mão" é um gesto ameaçador de poder, força e autoridade (2.13; Dt 32.36; 2Sm 8.1). Quando Deus estende a mão para julgar, ninguém pode escapar do Seu juízo. Seis diferentes classes são aqui julgadas, como vemos a seguir.[15]

Em primeiro lugar, *os sacerdotes idólatras* (1.4). *Estenderei a mão contra Judá e contra todos os habitantes de Jerusalém; exterminarei deste lugar o resto de Baal, o nome dos ministrantes dos ídolos e seus sacerdotes.* Sofonias adota a mesma metodologia de Amós (Am 1.6-2.16), movendo-se da periferia para um núcleo interno, na descrição do objeto do juízo divino. Alcançando o clímax de sua profecia, ele denuncia o próprio povo de Deus residente em Israel, destacando o privilegiado reino de Judá e a supostamente inviolável cidade de Jerusalém como objeto dos juízos devastadores de Deus.

A adoração a Baal foi largamente disseminada no Reino do Sul durante os reinados de Manassés e Amom. A reforma feita por Josias não conseguiu erradicar completamente essa idolatria. Warren Wiersbe diz que tanto Jeremias como Sofonias viram que a reforma josiana não foi um verdadeiro reavivamento, pois jamais alcançou o coração do povo. Foi uma mudança superficial, promovida institucionalmente pelo rei, mas logo após sua morte o povo voltou para aquilo que era mais popular.[16]

Assim é que nos dias de Sofonias ficou ainda um resquício do abominável culto a Baal (1.4). Havia ministrantes dos ídolos e seus sacerdotes. Tanto sacerdotes espúrios, ordenados pelos reis de Judá (2Rs 23.5; Os 10.5), como os sacerdotes descendentes de Arão tinham se rendido à idolatria. Agora o juízo de Deus estava vindo sobre toda a nação e seus habitantes, pois os pecados dos líderes se tornaram os pecados do povo.

A idolatria alastrava-se em Judá em virtude da maligna influência do perverso rei Manassés. Sofonias cita dois falsos deuses que haviam tomado o coração do povo: Baal (1.4), o deus cananeu da chuva, e Milcom (1.5) ou Moloque, o terrível deus dos amonitas (1Rs 11.33; Am 5.26). O povo também adorava as hostes celestiais (1.5), culto denunciado por outros profetas (Dt 4.19; Jr 19.13; 32.29). H. Ray Dunning está correto quando diz que o baalismo, religião

O justo julgamento divino

cananeia e fenícia, desempenhou importante papel no colapso religioso do Reino do Norte, bem como no Reino do Sul. O baalismo era um culto de fertilidade que promovia práticas imorais em sua adoração e com as quais os israelitas tinham afinidade incomum.[17]

O sacerdotalismo em Israel corrompeu-se. Criaram um templo rival em Betel. Mais tarde, em Israel, havia sacerdotes do baalismo oferecendo ofertas pagãs a deuses pagãos. Também esses sacerdotes pagãos encastelados na cidade de Jerusalém enfrentaram o juízo divino e foram varridos desse lugar. O cativeiro babilônico teve como propósito banir de Jerusalém a idolatria. Matthew Henry está certo ao dizer que os caldeus não pouparam nenhuma das imagens de Baal nem os adoradores dessas imagens.[18] O próprio Deus estende Sua mão para acabar por completo com o baalismo. Dele nada pode sobrar.

Em segundo lugar, *o povo idólatra* (1.4). *Estenderei a mão contra Judá e contra todos os habitantes de Jerusalém...* A mão de Deus estendida tirou o povo de Israel da escravidão no Egito (Êx 7.5; 15.12); agora, a mão estendida de Deus aplica a Jerusalém severo juízo (1.4). Sacerdotes corrompidos doutrinária e moralmente influenciaram o povo à corrupção espiritual e moral. Havia três tipos de pessoas. Primeiro, aquelas que haviam se rendido abertamente ao culto a Baal (1.4). Segundo, aquelas que tentavam servir a Deus e aos ídolos ao mesmo tempo (1.5). Terceiro, aquelas que eram indiferentes a Deus (1.6).

Em terceiro lugar, *os adoradores da natureza* (1.5a). *Os que sobre os eirados adoram o exército do céu...* Depois de atacar o falso culto de Judá (1.4b), Sofonias declara a destruição de todos aqueles que participavam de práticas cúlticas impróprias (1.5,6). Esse culto pagão era influência dos assírios e dos babilônios que consideravam os astros como deuses.[19] O profeta está condenando aqui o culto às divindades astrais assírias que entraram em Judá durante o reinado de Manassés (2Rs 21.3,5). As passagens de Deuteronômio 4.19 e 17.3 proíbem vigorosamente tal prática. Nessa falsa adoração, as pessoas ofereciam incenso e libações nos telhados planos.[20]

Adorar os astros em vez de adorar o Criador é uma ofensa a Deus. Adorar a criatura em lugar do Criador é uma consumada idolatria, uma ofensa a Deus. O exército do céu é obra do Criador. Devemos cultuar a Deus pelas obras de sua criação em vez de adorar a criação. Deus proibia e sentenciava de morte aqueles que adoravam os astros (Dt 4.19; 17.3-7). Em Judá, esse culto pagão era praticado na privacidade de cada casa. Eles faziam isso no eirado de suas casas. David Baker diz que o culto aos deuses astrais, chamados aqui de *o exército do céu* (Dt 4.19; 2Rs 17.16; 21.3,5; Jr 8.2), acontecia sobre os telhados ou terraço.[21] Matthew Henry completa destacando que os adoradores dos exércitos do céu serão consumidos tanto quanto os adoradores dos animais da terra ou dos demônios do inferno.[22]

Em quarto lugar, *os sincretistas* (1.5b). ... *e os que adoram ao* SENHOR *e juram por ele e também por Milcom*. De acordo com Dionísio Pape, Jerusalém se tornou a capital do sincretismo religioso, com o conhecido lema "toda religião é boa".[23] Jurar por outro deus significava admitir sua autoridade, e isso era negado a Israel.[24] Pedro Kramer acrescenta que jurar por Iavé e, ao mesmo tempo, jurar por outro deus é apostasia de Iavé e expressa infidelidade a Ele.[25]

O povo de Judá e Jerusalém estava com o coração dividido entre o culto a Deus e o culto aos ídolos. Ao mesmo tempo que pensava prestar honra a Deus, jurava também por Milcom. Elias, antes de Sofonias, havia confrontado o povo de Israel por ficar em cima do muro (1Rs 18.21). Jesus foi categórico ao afirmar que é impossível servir a dois senhores (Mt 6.24). Lealdade dividida é infidelidade acintosa. Palmer Robertson é oportuno em seu alerta: "O que poderia ser mais satânico do que uma religião que professava o nome do Deus verdadeiro, enquanto ao mesmo tempo professava devoção a Baal, ao principal rival".[26] Nessa mesma linha de pensamento, Matthew Henry escreve:

> Note que aqueles que pensam em dividir afeições e adoração entre Deus e os ídolos não só não alcançarão a aceitação de Deus, mas terão a sua condenação com o pior dos idólatras; porque que comunhão pode haver entre a luz e as trevas, entre Cristo e Belial, e entre Deus e as riquezas deste mundo? Aquela que é uma mãe falsa pleiteia que se divida a criança, pois, se Satanás tiver a metade, ele terá tudo; mas a mãe verdadeira diz: Não a divida, pois, se Deus tiver apenas a metade, ele não terá nada. As águas não serão doces por muito tempo, se elas também vierem de uma fonte que também brota água amarga; o que têm a ver aqueles que juram pelo Senhor com aqueles que juram por Milcom?[27]

Essa divindade pagã, chamada Milcom, era também conhecida como Moloque. Esse ídolo foi o mais degradante e desumano de Judá, introduzido em Israel pelo rei Salomão, quando de sua apostasia (1Rs 11.5,7).[28] Benjamin Scott descreve com palavras fortes essa terrível divindade pagã:

> Moloque, ou Milcom, era o planeta Saturno divinizado. O seu culto existia principalmente entre os primitivos habitantes de Canaã, e entre os amonitas, fenícios e cartagineses. O ídolo consistia numa estátua de latão sob a forma de homem com cabeça de touro; tinha os braços estendidos para a frente, um pouco abaixados. Os pais

colocavam seus filhos nas mãos do ídolo. Dali a criança caía numa fornalha onde morria queimada. Durante a cerimônia, tocavam-se tambores e trombetas para abafar os gritos dos inocentes.[29]

Em quinto lugar, *os apóstatas* (1.6a). *Os que deixam de seguir ao Senhor*... O profeta volta dos pecados de "comissão" para os pecados igualmente hediondos de "omissão". Devastação sobrevirá aos que não seguem nem consultam o Senhor.[30] O fracasso em buscar o Senhor é um pecado grave, passível do juízo severo de Deus. Há muitos que começaram bem, mas se perderam pelo caminho. Não perseveraram em seguir o Senhor. Viraram as costas para Deus e O abandonaram.

James Wolfendale menciona dois tipos de apostasia: a positiva e a negativa. Judá cometeu ambas. Na apostasia positiva, Judá trocou o Senhor pelos ídolos. Na apostasia negativa, Judá cessou de buscar o Senhor. Esta apostasia é a causa daquela. Primeiro, o povo deixa de buscar o Senhor e, depois, se rende aos ídolos.[31] O profeta Jeremias denuncia um pouco mais tarde a mesma apostasia dupla: *Espantai-vos disto, ó céus, e horrorizai-vos! Ficai estupefatos, diz o Senhor. Porque dois males cometeu o meu povo: a mim me deixaram, o manancial de águas vivas, e cavaram cisternas, cisternas rotas, que não retêm as águas* (Jr 2.12,13).

Em sexto lugar, *os ateus práticos* (1.6b). *... e os que não buscam o Senhor, nem perguntam por ele*. A religião em Judá estava em plena atividade. Havia templo, sacerdotes, festas e sacrifícios. Tudo parecia funcionar, porém muitos haviam substituído o Senhor pela religiosidade vazia. Professavam uma coisa e praticavam outra. Eles não buscavam o Senhor nem perguntavam por Ele. Eram ateus práticos: suas obras negavam sua fé (Tt 1.16).

Concluo este capítulo com o pensamento de Pedro Kramer, segundo o qual a profecia de Sofonias gerou um impacto extraordinário, quando seu conteúdo nem vinte anos após seu pronunciamento já começou a se realizar e a se cumprir. Assim, em 612 a.C., Nínive foi arrasada, e o império assírio deixou de existir. Em 604 a.C., o exército de Nabucodonosor conquistou as cidades filisteias e houve muita destruição, morte e exílio. Um pouco mais tarde, em 597 e em 587 a.C., o reino de Judá foi riscado do mapa, a capital Jerusalém foi demolida e queimada, e sua população foi morta, exilada e dispersada.[32]

Notas

[1] FINK, Paul R. *Zephaniah*, p. 1078.
[2] ROBERTSON, Palmer. *Naum, Habacuque e Sofonias*, p. 318.
[3] HENRY, Matthew. *Comentário bíblico Antigo Testamento – Isaías a Malaquias*. Rio de Janeiro, RJ: CPAD, 2010, p. 1137.
[4] WIERSBE, Warren W. *Comentário bíblico expositivo*, p. 526.
[5] BAKER, David W. "Sofonias". In: *Obadias, Jonas, Miqueias, Habacuque e Sofonias*. São Paulo, SP: Vida Nova, 2006, p. 377.
[6] KRAMER, Pedro. *Sofonias*, p. 45.
[7] FINK, Paul R. *Zephaniah*, p. 1079.
[8] ROBERTSON, Palmer. *Naum, Habacuque e Sofonias*, p. 325-326.
[9] SOARES, Matheus. *Enciclopédia da vida dos personagens bíblicos*. Rio de Janeiro, RJ: Edições Acadêmicas, 2017, p. 447.
[10] MCNEILE, A. H. *The gospel of Matthew.* London: Macmillan, 1938, p. 201.
[11] BAKER, David W. *Sofonias*, p. 378.
[12] WOLFENDALE, James. *The preacher's complete homiletic commentary on the books of minor prophets*, p. 527.
[13] FINK, Paul R. *Zephaniah*, p. 1079.

[14] BAKER, David W. *Sofonias*, 2006, p. 378.
[15] WOLFENDALE, James. *The preacher's complete homiletic commentary on the books of minor prophets*, p. 527.
[16] WIERSBE, Warren W. *With the word*. Nashville, TN: Thomas Nelson, 1991, p. 605.
[17] DUNNING, H. Ray. *O livro de Sofonias*, p. 257.
[18] HENRY, Matthew. *Comentário bíblico Antigo Testamento – Isaías a Malaquias*, p. 1138.
[19] KRAMER, Pedro. *Sofonias*, p. 48.
[20] DUNNING, H. Ray. *O livro de Sofonias*, p. 257.
[21] BAKER, David W. *Sofonias*, p. 379.
[22] HENRY, Matthew. *Comentário bíblico Antigo Testamento – Isaías a Malaquias*, p. 1138.
[23] PAPE, Dionísio. *Justiça e esperança para hoje*, p. 96.
[24] BAKER, David W. *Sofonias*, p. 380.
[25] KRAMER, Pedro. *Sofonias*, p. 49.
[26] ROBERTSON, Palmer. *Naum, Habacuque e Sofonias*, p. 333.
[27] HENRY, Matthew. *Comentário bíblico Antigo Testamento – Isaías a Malaquias*, p. 1138.
[28] COELHO FILHO, Isaltino Gomes. *Os profetas menores II*, p. 108.
[29] SCOTT, Benjamin. *As catacumbas de Roma*. Rio de Janeiro, RJ: CPAD, 1982, p. 19.
[30] ROBERTSON, Palmer. *Naum, Habacuque e Sofonias*, p. 334.
[31] WOLFENDALE, James. *The preacher's complete homiletic commentary on the books of the prophets*, p. 529.
[32] KRAMER, Pedro. *Sofonias*, p. 9.

Capítulo 3

O terrível Dia do Senhor
(Sf 1.17,18)

DEPOIS DE DESCREVER o justo julgamento divino sobre a raça humana e especialmente sobre o povo de Judá, Sofonias passa a descrever o terrível Dia do Senhor. David Baker oferece excelente análise do texto supracitado, oferecendo a seguinte exposição: 1) o anúncio do Dia (1.7a); 2) a natureza do Dia (1.8-18): a) o julgamento do povo de Deus (1.8-13); b) o julgamento do mundo (1.14-18).[1]

O anúncio do terrível Dia do Senhor (1.7a)

O Dia do Senhor será aterrador para aqueles que O trocaram por outros deuses, para aqueles que tentaram servi-Lo com o coração dividido e também para aqueles que viraram as costas para Ele, com indiferença. Esse dia será de trevas, e não de luz; de terror, e não de gozo (Am 5.18). Porque o julgamento divino está às portas, os pecadores devem tremer emudecidos diante da majestade do Senhor. Assim escreve Sofonias: *Cala-te diante do SENHOR Deus, porque o Dia do SENHOR está perto, pois o SENHOR preparou o sacrifício e santificou os seus convidados* (1.7). Matthew Henry diz que a primeira destruição com que Deus castigará os pecadores é que ele os calará. O Senhor os forçará a se calarem, deixando-os mudos com grande horror. Todas as desculpas do seu pecado e os protestos contra a sentença serão rejeitados, e eles não terão uma palavra a dizer a favor de si mesmos.[2]

O profeta usa uma linguagem de ironia para dizer que os convidados separados para os festejos sacrificiais são os próprios a servir de sacrifício. Sofonias deixa claro que o próprio Deus estava conduzindo o sacrifício. Seus convidados eram os babilônios, e os sacrifícios oferecidos eram o povo de Judá. William MacDonald enfatiza que o Senhor preparou o sacrifício; Judá é o sacrifício, e os babilônios são os convidados.[3]

Seria de esperar que a família real e os líderes religiosos da terra fossem os convidados de honra do banquete do Senhor, mas eles é que seriam sacrificados (1.8,9). Deus os castigaria por terem abandonado Sua Palavra e adotado práticas de outros povos.[4] Encontramos um paralelo no Novo Testamento em Apocalipse 19.17-21, em que todas as aves que voam pelo meio do céu são convidadas a participar da grande ceia de Deus e a comer carnes de reis, comandantes, poderosos, bem como de todos os homens, sejam grandes ou pequenos.

Palmer Robertson, tratando desse Dia do Senhor, escreve:

As Escrituras da Nova Aliança empregam uma variedade de frases ao referir-se essencialmente ao mesmo fenômeno. Pode-se designar o Dia do Senhor como sendo "o dia do juízo" (Mt 10.15; 11.22,24; 12.36; Jo 12.48; 2Pe 3.7), o "último dia" (Jo 6.39,40,44,54; 11.24; 12.48); o "Dia do Senhor" (At 2.20; 1Co 5.5; 2Co 1.14; 1Ts 5.2; 2Ts 2.2; 2Pe 3.10); o "Dia de nosso Senhor Jesus Cristo" (1Co 1.8), o "dia" ou "aquele dia" (Mt 7.22; Lc 10.12; 21.34; 1Co 3.13; 1Ts 5.4; Hb 10.25), o "Dia de Cristo Jesus" (Fp 1.6), o "Dia de Cristo" (Fp 1.10; 2.16), o "Dia de Deus" (2Pe 3.12), o "dia eterno" (2Pe 3.18), o "grande Dia" (Jd 6), o "grande Dia da sua ira" (Ap 6.17) e o "grande Dia do Deus Todo-poderoso (Ap 16.14). É suficiente dizer que o juízo cósmico, associado a uma teofania dramática, pode agora ser entendido em termos da gloriosa volta de Jesus Cristo. No dia certo, ele consumará todas as coisas.[5]

O sacrifício no terrível Dia do Senhor (1.7b-9)

Destacamos a seguir alguns pontos importantes:

Em primeiro lugar, *a festa está preparada* (1.7). James Wolfendale tem razão ao dizer que, quando os homens não se arrependem de seus pecados e não oferecem a si mesmos a Deus como sacrifício vivo, eles se tornam vítimas de sua própria loucura. As bênçãos são removidas e o julgamento é preparado para eles.[6]

Em segundo lugar, *os convidados para a festa* (1.7). A nação que Deus separou para conhecê-Lo, adorá-Lo e ser luz para as nações, por virar as costas para Ele e adorar outros deuses, é convidada para essa festa do desprazer de Deus. Eles são separados à revelia de sua vontade para essa festa do juízo. Deus é poderoso para incluir em seus planos homens como Caifás, Herodes e Pôncio Pilatos. Mesmo perversos, eles tiveram de cumprir o propósito soberano de Deus. Assim também são os convidados para o juízo.

Em terceiro lugar, *os sacrifícios oferecidos na festa* (1.7-10). Nesse dia da manifestação da ira de Deus, o julgamento será igualmente severo sobre todas as classes, como vemos a seguir.

Primeiro, sobre as famílias reais (1.8a). *No dia do sacrifício do S<small>ENHOR</small>, hei de castigar os oficiais, e os filhos do rei...* Carlos Osvaldo está certo ao observar que as conexões de Sofonias com a família real não o impediram de denunciar os príncipes de Judá.[7] Homens revestidos de poder, mas sem o temor de Deus, influenciam as pessoas para o mal. A realeza não blinda seus membros das consequências de seus pecados. Eles também serão julgados. Matthew Henry diz que os membros da família, por causa da dignidade da sua posição, serão os primeiros a sofrer o ajuste de contas por sua soberba, vaidade e fingimento.[8]

Segundo, sobre os altos oficiais (1.8b). *... e todos os que trajam vestiduras estrangeiras.* Aqueles que abandonaram seu Deus para adotar os deuses e costumes dos povos gentios, servindo a seus deuses e adotando seus costumes pagãos, não escaparão do juízo divino. Concordo com Palmer Robertson quando ele diz que essas vestiduras estrangeiras se referem aos que se vestiam distintivamente como os sacerdotes dos deuses estrangeiros. Ora, se todos os que vestem trajos estrangeiros em Sofonias se referem aos devotos de deuses estrangeiros que trabalhavam nas assembleias de Israel, um paralelismo com a parábola de Jesus se torna bastante semelhante (Mt 22.1-14).[9] Nessa mesma linha de pensamento, H. Ray Dunning escreve: "Para os verdadeiros hebreus, a adoção da moda assíria simbolizava a aceitação da cultura e religião estrangeiras. Por conseguinte, era corretamente condenado como traição da fidelidade a Iavé.[10] Carlos Osvaldo acrescenta: "O uso dessas roupas estrangeiras indicava aceitação interior dos valores morais e espirituais pagãos".[11] Pedro Kramer completa dizendo que aqueles que trajam vestiduras estrangeiras são israelitas que abdicaram de sua identidade nacional e de sua lealdade religiosa e aderiram, tanto interna como externamente, ao sistema econômico, político, religioso e cultural dos assírios.[12] Matthew Henry, olhando essa passagem de outra perspectiva, diz que a soberba na vestimenta é sempre desagradável a Deus e um sintoma da degeneração de um povo.[13]

Terceiro, sobre os que usam a falsa religião para oprimir e enganar (1.9). *Castigarei também, naquele dia, todos aqueles que sobem o pedestal dos ídolos e enchem de violência e engano a casa dos seus senhores.* Esses mestres do engano religioso são piores do que seus membros a quem servem. Trazem para sua casa violência e engano. As trevas religiosas desembocam em opressão e engano. O profeta Jeremias, contemporâneo de Sofonias, também reclamara contra o povo por este fazer da casa que portava o nome de Deus *um covil de salteadores* (Jr 7.11). Eles tinham uma falsa segurança no templo, dizendo: ...*Templo do* SENHOR [...], *templo do* SENHOR *é este* (Jr 7.4), apenas para permanecerem em seus pecados. Jesus encontrou as mesmas práticas de violência e fraude na casa de Deus em seus dias (Mt 21.13). Ele exerceu a prerrogativa divina de juízo ao purificar o templo.[14]

O Dia do Senhor traz julgamento ao Seu povo e à cidade Jerusalém (1.10-13)

A visão do julgamento divino que varre a terra e reúne as nuvens escuras sobre Judá vem agora, especificamente, sobre a cidade de Jerusalém. Longe de ser o centro do culto a Deus, essa cidade se tornou a promotora da luxúria, a protagonista da rebelião contra Deus. Os inimigos virão e devastarão a cidade, arruinando seus monumentos e esmagando seus habitantes. James Wolfendale descreve essa cena assim: 1) A angústia diante dos portões da cidade; 2) A desolação no centro da cidade; 3) A conquista da cidade; 4) A destruição dos habitantes da cidade.[15] Vejamos.

Em primeiro lugar, *a angústia diante dos portões da cidade* (1.10). *Naquele dia, diz o S*ENHOR*, far-se-á ouvir um grito desde a Porta do Peixe...* As fortes muralhas e os portões de bronze não poderão proteger a cidade naquele dia de julgamento. A mão que está agindo contra a cidade é a mão do Todo-poderoso, e a cidade não pode escapar. Essa Porta do Peixe, que fica no lado norte da cidade, era a principal porta de entrada para um invasor tomar a cidade (2Rs 22.14; 2Cr 34.22; Ne 11.9). Os babilônios entraram na cidade de Jerusalém por essa porta, saquearam-na, feriram-na, e não houve quem pudesse escapar.

Em segundo lugar, *a desolação no centro da cidade* (1.10b). *... e um uivo desde a Cidade Baixa, e grande lamento desde os outeiros.* A cidade está cercada. Uivos e lamentos podem ser ouvidos desde a parte baixa, onde viviam os nobres, até os altos montes. Nem mesmo o templo poderá servir de refúgio naquele dia, pois o próprio templo será destruído.

Em terceiro lugar, *a conquista da cidade* (1.10). A cidade inteira é dominada. As portas não servem para o povo escapar. Os lugares baixos não podem proteger o povo. Nem mesmo nos outeiros alguém encontra lugar de refúgio. A cidade é tomada. Está nas mãos de seus conquistadores. Warren Wiersbe diz que os babilônios realizaram uma "operação malha fina" por toda a cidade, encontrando até aqueles que estavam escondidos.[16]

Em quarto lugar, *a destruição dos habitantes da cidade* (1.11). *Uivai vós, moradores de Mactés, porque todo o povo de Canaã está arruinado, todos os que pesam prata serão destruídos.* Tanto a cidade em sua pompa como o povo em sua iniquidade serão destruídos. Os ricos mercadores não escaparão. Eles também serão pilhados e levados cativos. A destruição de todos os negociantes em prata significava que a cidade, como centro de cultura, comércio, luxúria, beleza e arte, chegaria ao fim.[17] O profeta, que já havia proferido o juízo divino sobre as lideranças políticas e religiosas, agora deixa claro que as lideranças comerciais também são objetos do juízo iminente no Dia do Senhor.

Em quinto lugar, *a divina inspeção da cidade* (1.12). *Naquele tempo, esquadrinharei a Jerusalém com lanternas e castigarei os homens que estão apegados à borra do vinho e dizem no seu coração: O Senhor não faz bem, nem faz mal.* David Baker explica que, ao contrário de Diógenes, filósofo grego pré-cristão que estava à procura de um homem honesto, nesse contexto Iavé não procura a retidão, mas o pecado, para castigá-lo e erradicá-lo (Is 10.12; Jr 6.15; 44.13).[18] A investigação divina será meticulosa. Nada escapará à luz perscrutadora de sua lanterna. Nada ficará encoberto pelas trevas. Aqueles que se renderam ao entorpecimento moral da embriaguez e atacaram o caráter de Deus, acusando-O de ser amoral, sofrerão o justo castigo divino. Tanto o cético quanto o indiferente estão debaixo do escrutínio do juízo.

Citando G. A. Smith, David Baker esclarece esse espírito de indiferença nestes termos: "As grandes causas de Deus e da Humanidade não são derrotadas pelos assaltos violentos do Diabo, mas pela massa de gelo lenta, esmagadora, composta por milhares e milhares de joões-ninguém indiferentes. As causas de Deus jamais são destruídas por explosão, mas pelo abafamento".[19] Sofonias condena a apatia, mostrando que essa teologia irresponsável é simplesmente tão negativa quanto uma revolta ostensiva contra Deus. Concordo com David Baker quando ele escreve:

> Essa ideia do não envolvimento de Deus na vida nacional é uma heresia séria por parte de Israel, opondo-se à ideia israelita de que Deus está ativa e continuamente envolvido na história, desde a criação, passando pelo chamado de Abraão, o Êxodo, seu encontro com Israel no Sinai, a conquista, indo até sua constante atenção para com as questões do estado israelita.[20]

Em sexto lugar, *o justo castigo sobre a cidade* (1.13). *Por isso, serão saqueados os seus bens e assoladas as suas casas; e edificarão casas, mas não habitarão nelas, plantarão vinhas, porém não lhes beberão o vinho.* Aquilo que os homens ajuntaram na impiedade será saqueado. Aquilo que acumularam com violência será pilhado. Seus bens são saqueados, e suas casas, assoladas. Seus investimentos serão frustrados, pois os homens construirão casas, mas não habitarão nelas. Seus esforços serão inúteis, pois plantarão vinhas, mas não lhes sorverão o vinho. Concordo com Palmer Robertson quando ele diz que frustração total é a consequência dessa maldição pactual. Todo o trabalho de suas mãos redundará em nada. Devastados por um exército invasor, suas casas seriam pilhadas. Todas as suas possessões seriam tomadas (Dt 28.30,39).[21]

O Dia do Senhor traz julgamento a todo o mundo (1.14-18)

Depois de descrever o juízo que atinge o povo de Deus, Sofonias passa a mencionar o juízo que virá sobre o mundo.

Suas batalhas cataclísmicas afetarão o mundo inteiro. Diante dessa tempestade do juízo, as riquezas não servirão de proteção. Destacamos a seguir seis pontos importantes.

Em primeiro lugar, *será um dia repentino e inescapável* (1.14). *Está perto o grande Dia do Senhor; está perto e muito se apressa. Atenção! O Dia do Senhor é amargo, e nele clama até o homem poderoso.* O mais vívido quadro acerca do Dia do Senhor na Bíblia é dado aqui; é o dia da ira de Deus sobre os homens ímpios, e os homens de Judá em particular. Sofonias diz que o Dia do Senhor não somente está perto, mas se apressa. Esse dia não apenas está perto, mas também é grande. Esse dia é amargo para todos. Até mesmo os homens poderosos ficarão desamparados. Essa descrição de Sofonias sobre o Dia do Senhor está em sintonia com o que também escreveram Joel (Jl 2.2) e Amós (Am 5.20). Porém, a narrativa de Sofonias é ainda mais completa e dá maior destaque ao fato de ser esse o dia da ira.

O texto fala primariamente sobre o iminente ataque babilônico à cidade de Jerusalém. Judá cairá nas mãos dos caldeus. O cerco já se avizinha. A invasão é inevitável. Nesse dia, ninguém escapará. Os mais ricos, os mais fortes, os mais poderosos, estes sucumbirão ao poder estrangeiro. Mas o texto aponta para um juízo maior, para aquele grande e terrível dia em que o Senhor voltará em sua majestade e glória para julgar as nações. O juízo imediato é um vislumbre dramático daquele que será o dia mais perturbador para aqueles que não se arrependeram de seus pecados. Estou de acordo com o que diz Palmer Robertson:

> Este conceito de "iminência" do Dia de juízo também recebe repetida ênfase sob a administração da Nova Aliança. O Dia "está próximo, às portas" (Mt 24.32,33). O Senhor está "perto", e o tempo está

"próximo" (Fp 4.5; Ap 1.3; 22.10). Progresso rápido rumo à vinda do Senhor é visto no fato de que "nossa salvação está agora mais perto do que quando no princípio cremos" (Rm 13.11).[22]

Em segundo lugar, *será um dia da manifestação da ira divina* (1.15a). *Aquele dia é dia de indignação, dia de angústia e dia de alvoroço e desolação...* Sofonias associou a vinda do Dia do Senhor a antigas manifestações pactuais: a aliança de Noé (1.2,3), a aliança de Abraão (1.7,8) e a aliança de Moisés (1.15,16). Há, nos versículos 15 e 16, cinco pares: dia de indignação e angústia; dia de alvoroço e desolação; dia de escuridade e negrume; dia de nuvens e densas trevas; dia de trombeta e de rebate.[23]

A profecia de Sofonias pode ser apropriadamente chamada de um tratado sobre a ira de Deus. A característica dominante é que esse é um dia de ira transbordante.[24] O dia do julgamento é uma expressão da indignação do Todo-poderoso. Esse dia trará angústia, pois será tomado por alvoroço e desolação. A cidade de Jerusalém, com seu templo majestoso, cairá a fio de espada. O templo, símbolo da presença de Deus, será entregue nas mãos dos caldeus, que arrasarão seus fundamentos e incendiarão suas portas. Nesse dia, as crianças serão pisadas nas ruas, as jovens serão forçadas, e os pais não poderão proteger seus filhos. Todos cairão, inexoravelmente, nas mãos do inimigo conquistador. Fome, medo, cerco, morte, desterro são o seu cálice (Lm 1.10-16; 2.5,9,17,21; 4.9,10).

Em terceiro lugar, *será um dia de trevas* (1.15b). *... dia de escuridade e negrume, dia de nuvens e densas trevas*. As trevas são uma expressão da gravidade e da angústia desse dia do julgamento. A escuridão é um símbolo de desamparo total, de derrota acachapante, de confusão indescritível. Tanto o profeta

Joel (2.31), como o profeta Malaquias (4.5) mencionam esse dia da ira de Deus. Dionísio Pape é enfático quando escreve:

> Todo judeu sempre pensava no Dia do Senhor como dia de vitória, de alegria e de paz. Ao contrário, replicou Sofonias, será dia de indignação, de alvoroço e de escuridade. Por causa do pecado do próprio povo de Deus, a vinda do Senhor será dia de julgamento, e não de alegria. A igreja acomodada de nossos dias precisa refletir mais sobre os fatos históricos concernentes a Israel. A segunda vinda de Cristo é anunciada com grande entusiasmo, mas o dia marcará o comparecimento de toda a igreja ao tribunal de Cristo. A igreja será julgada naquele dia, como Israel do Antigo Testamento foi julgado, segundo as suas obras, quer sejam boas ou más.[25]

Em quarto lugar, *será um dia de grande terror* (1.16). *Dia de trombeta e de rebate contra as cidades fortes e contra as torres altas*. A trombeta aqui não anuncia a chegada de reforço, mas o ataque repentino e implacável do inimigo. Esse som atordoa em vez de trazer enlevo. Anuncia a derrota em vez de proclamar vitória. Nessa mesma linha de pensamento, Isaltino Gomes diz que a trombeta era tocada nas grandes convocações religiosas, mas também nos momentos de comoção nacional, no anúncio de um inimigo que estava chegando e no alerta de que todos deveriam se preparar para a batalha. Deus vem, mas vem como inimigo. Estando em pecado, eles não deveriam esperar vitória, mas, sim, juízo.[26] Russell Champlin diz que esse seria o dia da Babilônia, e Judá ficaria sem defesa, a despeito de suas elaboradas medidas defensivas. A lição central que fica aqui é que, a menos que o Senhor edifique e defenda a cidade, ela acabará caindo, a despeito dos esforços dos construtores e defensores humanos (Sl 127.1).[27]

Em quinto lugar, *será um dia de grande miséria humana* (1.17). *Trarei angústia sobre os homens, e eles andarão como cegos, porque pecaram contra o SENHOR; e o sangue deles se derramará como pó, e a sua carne será atirada como esterco.* O dia do julgamento virá certamente, repentinamente, inescapavelmente. Os homens ricos e pobres estarão desassistidos de esperança. A angústia cobrirá a todos como um manto de crepe. Os homens andarão sem rumo como cegos. Porque escolheram pecar contra o Senhor, sua condenação é inexorável. A morte será seu salário. As maldições pactuais estão se cumprindo sobre eles (Dt 28.28,29). O profeta Sofonias deixa claro qual é a causa de toda essa tragédia que desaba sobre o povo: *porque pecaram contra o SENHOR*. É conhecida a expressão que Charles Spurgeon usava: "O pecado e o inferno estarão casados, até que o arrependimento lhes dê carta de divórcio".

Em sexto lugar, *será um dia de total e inescapável destruição* (1.18). *Nem a sua prata nem o seu ouro os poderá livrar no dia da indignação do SENHOR, mas, pelo fogo do seu zelo, a terra será consumida, porque, certamente, fará destruição total e repentina de todos os moradores da terra*. A indignação do Senhor alcançará os ricos, que se julgavam protegidos por sua riqueza. A terra será devastada. A destruição será total e geral, pois alcançará todos os moradores da terra. Essa profecia aponta não apenas para os juízos históricos que vieram como disciplina do Todo-poderoso aos que, rebeldemente, se recusaram a ouvir sua voz, mas também se consuma naquele grande dia do juízo, quando todos os homens, de todos os estratos sociais, ficarão perplexos diante da manifestação da ira do Cordeiro (Ap 6.12-17). Nessa mesma linha de pensamento, Warren Wiersbe registra:

O que Sofonias descreve nessa passagem é apenas uma ilustração do que acontecerá no fim dos tempos, quando o julgamento de Deus vier sobre um mundo perverso, mas o Dia final do Senhor será muito mais terrível. Haverá desordens de grande proporção que afetarão o curso da natureza e que levarão as pessoas a implorar por um lugar de refúgio (Am 5.18; Jl 2.1,2,10,30-32; Ap 6.12-17).[28]

NOTAS

[1] BAKER, David W. *Sofonias*, p. 381-386.
[2] HENRY, Matthew. *Comentário bíblico Antigo Testamento – Isaías a Malaquias*, p. 1140.
[3] MACDONALD, William. *Nahum*, p. 1149.
[4] WIERSBE, Warren W. *Comentário bíblico expositivo*, p. 526.
[5] ROBERTSON, Palmer. *Naum, Habacuque e Sofonias*, p. 342.
[6] WOLFENDALE, James. *The preacher's complete homiletic commentary on the books of the minor prophets*, p. 530.
[7] PINTO, Carlos Osvaldo Cardoso. *Foco & desenvolvimento no Antigo Testamento*, p. 771.
[8] HENRY, Matthew. *Comentário bíblico Antigo Testamento – Isaías a Malaquias*, p. 1139.
[9] ROBERTSON, Palmer. *Naum, Habacuque e Sofonias*, p. 346-347.
[10] DUNNING, H. Ray. *O livro de Sofonias*, p. 258.
[11] PINTO, Carlos Osvaldo Cardoso. *Foco & desenvolvimento no Antigo Testamento*, p. 771.
[12] KRAMER, Pedro. *Sofonias*, p. 16.
[13] HENRY, Matthew. *Comentário bíblico Antigo Testamento – Isaías a Malaquias*, p. 1139.
[14] ROBERTSON, Palmer. *Naum, Habacuque e Sofonias*, p. 349.
[15] WOLFENDALE, James. *The preacher's complete homiletic commentary on the books of the minor prophets*, p. 532.
[16] WIERSBE, Warren W. *Comentário bíblico expositivo*, p. 527.
[17] ROBERTSON, Palmer. *Naum, Habacuque e Sofonias*, p. 350.
[18] BAKER, David W. *Sofonias*, p. 384.
[19] IBIDEM, p. 385.
[20] IBIDEM.

[21] ROBERTSON, Palmer. *Naum, Habacuque e Sofonias*, p. 351.
[22] IBIDEM, p. 352.
[23] IBIDEM, p. 356-357.
[24] IBIDEM, p. 354.
[25] PAPE, Dionísio. *Justiça e esperança para hoje*, p. 98.
[26] COELHO FILHO, Isaltino Gomes. *Os profetas menores II*, p. 104-105.
[27] CHAMPLIN, Russell Norman. *Sofonias*, p. 3634-3635.
[28] WIERSBE, Warren W. *Comentário bíblico expositivo*, p. 528.

Capítulo 4

Chamado ao arrependimento e anúncio do juízo
(Sf 2.1-15)

TENDO PINTADO UM QUADRO assaz escuro do julgamento divino no capítulo anterior, o profeta agora enfatiza que só existe uma coisa que pode livrar o povo desse julgamento: o arrependimento.[1] Antes de Deus anunciar o juízo sobre as nações vizinhas de Judá, portanto, Ele chama seu povo ao arrependimento. Antes do dia do julgamento, ainda há uma oportunidade de voltar-se para Deus.

Concordo com Matthew Henry quando ele diz que o profeta Sofonias, do começo ao fim, tinha como propósito levar o povo não ao desespero, mas a Deus e ao seu dever; não o deixar fora de si, mas o deixar fora de seus pecados.

Para esse fim, o profeta convoca o povo ao arrependimento, ao arrependimento nacional, como a única maneira de evitar a destruição nacional.[2]

Chamado ao arrependimento (2.1-3)

Charles Feinberg tem razão ao dizer que Deus não proclama o juízo vindouro sem indicar ao mesmo tempo os meios de evitar a tragédia. Por isso, o capítulo 2 começa com uma urgente exortação para que o povo de Deus se arrependa.[3] James Wolfendale fala sobre três características desse arrependimento: necessidade, método e motivos.[4] Vejamos.

Em primeiro lugar, *a necessidade do arrependimento* (2.1). *Concentra-te e examina-te, ó nação que não tens pudor.* A nação de Judá estava distraída com seus muitos pecados. Precisava se concentrar. Estava olhando sempre para a vida de outros povos em vez de examinar sua própria condição espiritual. Estava rendida a uma vida de devassidão e não sentia por isso vergonha nem se arrependia de suas iniquidades.

Palmer Robertson escreve:

> Somente uma nação cega em relação a seu próprio pecado podia deixar de sentir vergonha estando mergulhada em tanta culpa. Cambaleando no limiar da destruição total, pelos justos juízos de Deus, a nação segue alegremente seu próprio caminho, indiferente às calamidades que a encaram de frente.[5]

A nação é convocada, então, a reunir-se em uma assembleia solene para solicitar o favor do Senhor a fim de que, mediante a oração de arrependimento, Ele desvie dela o Seu juízo (Jl 2.16).[6]

Em segundo lugar, *os motivos do arrependimento* (2.2). *Antes que saia o decreto, pois o dia se vai como palha; antes que venha sobre ti o furor da ira do* SENHOR*, sim, antes que venha sobre ti o dia da ira do* SENHOR. O dia do arrependimento é uma gloriosa oportunidade, mas passa tão depressa como a palha é levada por uma forte rajada de vento.[7] Motivos, portanto, são dados para o arrependimento. O primeiro deles é que o tempo para o arrependimento é agora. Ainda existe possibilidade de escape. Deus tem prazer na misericórdia e é rico em perdoar. Ele não despreza um coração quebrantado. Mas o arrependimento precisa preceder o decreto do juízo. Essa linha divisória não pode ser ultrapassada. O segundo motivo é que, onde não há arrependimento, as perigosas ameaças se cumprirão. Esse dia vem com a força e a velocidade de um fogaréu consumindo um monte de palha ou como um vendaval que arrebata a palha e a leva para longe. O terceiro motivo é que um arrependimento tardio não livrará o povo de Judá do furor da ira do Senhor. Essa ira virá sobre o povo da aliança. O juízo começa pela casa de Deus (1Pe 4.17).

Em terceiro lugar, *o método do arrependimento* (2.3). *Buscai o* SENHOR*, vós todos os mansos da terra, que cumpris o seu juízo; buscai a justiça, buscai a mansidão; porventura, lograreis esconder-vos no dia da ira do* SENHOR. Como esse arrependimento se dará?

Primeiro, por meio de um autoexame (2.1). *Concentra-te e examina-te...* O mesmo Deus que esquadrinha Seu povo com lanternas (1.12) agora ordena que cada um examine meticulosamente a própria vida. Pecado escondido e não confessado traz derrota. Diz a Escritura: *O que encobre as suas transgressões jamais prosperará; mas o que as confessa e deixa alcançará misericórdia* (Pv 28.13).

Segundo, por meio de uma mudança de vida (2.3a). O pecado deve ser identificado, confessado e abandonado. Em vez de viver sem pudor, buscando o pecado, o povo deve buscar o Senhor, a justiça e a mansidão. Concordo com Palmer Robertson quando ele escreve: "O único refúgio adequado contra a ira abrasadora do Senhor só se pode encontrar no próprio Senhor".[8] Se o juízo foi lavrado porque o povo fracassou em buscar o Senhor (1.6), agora a medida necessária diante do iminente juízo é buscar o Senhor (2.3). Essa também foi a mensagem do profeta Jeremias aos que estavam sendo levados para o cativeiro: *Buscar-me-eis e me achareis quando me buscardes de todo o vosso coração* (Jr 29.13).

Terceiro, por meio de uma disposição de não mais esconder o pecado, mas confessá-lo e deixá-lo (2.3b). O profeta alerta: *... porventura, lograreis esconder-vos no dia da ira do* SENHOR. Ninguém pode esconder nada daquele cujos olhos são como chamas de fogo (Ap 1.14). Ele a tudo vê e a todos sonda.

Anúncio do juízo sobre as nações (2.4-15)

Depois que Sofonias, em nome de Deus, conclamou o povo da aliança ao arrependimento, agora dá-lhe um incentivo para o arrependimento, anunciando o juízo divino sobre as nações. Outros profetas já tinham advertido as nações de que o julgamento divino viria (Is 14–20; Jr 46–49; Am 1–2), mas esses gentios não quiseram se arrepender. Agora Sofonias lavra a sentença do juízo divino sobre essas nações.[9] Charles Feinberg está correto ao dizer que nações dos quatro pontos do globo estão incluídas para indicar a universalidade do juízo. O Deus de Israel é e sempre será o Deus do universo, o Deus das nações.[10]

Warren Wiersbe, nessa mesma toada, afirma que as nações citadas representam todos os gentios, uma vez que correspondem aos quatro pontos cardeais: Assíria (Norte), Etiópia (Sul), Moabe a Amom (Leste) e Filístia (Oeste).[11] Assim como ambos, judeus e gentios, pecaram contra Deus, ambos sofrerão o juízo divino. Palmer Robertson diz que, ao considerar a devastação iminente de outras nações, Judá pode encontrar justa razão para aceitar o dobrar dos sinos da morte que soa para ele também (2.4-15).[12] Vejamos.

Em primeiro lugar, *o julgamento sobre os filisteus* (2.4-7). Destacamos a seguir alguns pontos importantes.

Primeiro, o julgamento sobre as quatro cidades-estado da Filístia será devastador (2.4). *Porque Gaza será desamparada, e Ascalom ficará deserta; Asdode, ao meio-dia, será expulsa, e Ecrom, desarraigada.* Essas quatro cidades eram os principais baluartes que restaram dos filisteus. Os filisteus eram inimigos históricos e de longa data dos judeus (Gn 20, 21, 26). Sempre foram cruéis com o povo de Deus (Am 1.6-8). As quatro cidades-estado são apresentadas progressivamente do sul para o norte. Nenhuma fortaleza construída pelo homem pode resistir ao dia da ira do Senhor. Os termos usados são fortes: desamparada, deserta, expulsa, desarraigada. Foi também predito em Jeremias 47.5 que a calvície viria sobre Gaza. Alexandre, o Grande, arrasou essa cidade de tal forma que Lucas, séculos depois, a descreve como um deserto (At 8.26).

Segundo, a população será destruída (2.5). *Ai dos que habitam no litoral, do povo dos queretas! A palavra do Senhor será contra vós outros, ó Canaã, terra dos filisteus, e eu vos farei destruir, até que não haja um morador sequer.* Essas cidades serão devastadas de tal maneira que seus habitantes ou serão dizimados ou serão desarraigados. A maldição sobre o território filisteu é descrita no versículo 4, fazendo referência às suas principais cidades; agora, no versículo 5, é definida sua posição de região costeira, que representava a extremidade da terra prometida a Israel (Êx 23.31; Nm 13.29; 34.6; Dt 3.27; Js 1.4). Os quereítas, que procederam de Creta, receberam esse território da beira-mar em obediência aos comandos providentes de Deus (Ez 25.16; Dt 2.23; Am 9.7; Jr 47.4).

Terceiro, um remanescente permanecerá (2.6,7). *O litoral será de pastagens, com refúgios para os pastores e currais para os rebanhos. O litoral pertencerá aos restantes da casa de Judá; nele, apascentarão os seus rebanhos e, à tarde, se deitarão nas casas de Ascalom; porque o* SENHOR, *seu Deus, atentará para eles e lhes mudará a sorte*. Aqui Sofonias descreve o futuro da região filisteia, trazendo à baila a verdade consoladora de que o juízo divino ainda vem misturado com a misericórdia. A esperança como um arco-íris, depois de uma tempestade, esparrama sua luz. Deus preserva um remanescente. É oportuno o que escreve Palmer Robertson:

> A esse remanescente se garantirá a plena posse da terra da promessa, incluindo o território dos filisteus. A bênção do Livro da Lei de Deuteronômio será renovada, pois habitarão em casas que não construíram. Como um rebanho sob a proteção do Todo-poderoso, entre as casas de Ascalom se deitarão. Nem animais selvagens nem saqueadores ameaçarão sua segurança.[13]

Fazia parte do código pactual que, depois que todas as bênçãos e maldições pactuais ocorressem, se a nação voltasse para o Senhor, Ele restauraria sua sorte (Dt 30.1-3).

Chamado ao arrependimento e anúncio do juízo

Em segundo lugar, *o julgamento sobre Moabe e Amom* (2.8-11). Depois de descrever o juízo sobre as principais cidades da Filístia, Sofonias volta suas baterias contra os parentes consanguíneos de Israel. Os moabitas e amonitas são os descentes de Ló, portanto aparentados de Israel. Desde o início foram ferrenhos inimigos de Israel. O profeta Amós, antes de Sofonias, já havia mostrado o juízo divino a essas duas nações da Transjordânia (Am 1.13–2.13). Agora, essas duas nações estão sob o julgamento divino. David Baker ressalta que cada uma das duas nações é tema de outros oráculos (Is 15–16; Jr 48.1–49.6; Ez 25.1-11; Am 1.13–2.3), embora nunca num oráculo conjunto como o que se encontra aqui.[14]

Esses dois povos tiveram uma longa e feroz animosidade contra o povo de Deus. Foi o rei moabita Balaque que contratou o profeta Balaão para amaldiçoar Israel (Nm 22.3). Amom foi incansável no seu propósito de humilhar Israel (1Sm 11.1,2; 2Sm 10.1-4; Am 1.13; Ne 4.3; Jr 40.14).

James Wolfendale destaca três aspectos da destruição de Moabe e Amom: sua natureza, sua certeza e sua causa.[15] Vejamos.

Primeiro, a natureza de sua destruição (2.8,9). *Ouvi o escárnio de Moabe e as injuriosas palavras dos filhos de Amom, com que escarneceram do meu povo e se gabaram contra o seu território. Portanto, tão certo como eu vivo, diz o* SENHOR *dos Exércitos, o Deus de Israel, Moabe será como Sodoma, e os filhos de Amom, como Gomorra, campo de urtigas, poços de sal e assolação perpétua; o restante do meu povo os saqueará, e os sobreviventes da minha nação os possuirão.* Da mesma maneira que Deus jurou que todas as nações da terra seriam abençoadas em Abraão, agora Ele jura que Moabe e Amom, tendo-se feito inimigos de Israel, seriam amaldiçoados.[16]

Tanto a terra será espoliada como suas cidades serão devastadas. A destruição será completa. Tornar-se-ão como Sodoma e Gomorra. A terra será amaldiçoada, pois será como campo de urtigas e poços de sal. Concordo com David Baker quando ele diz que a comparação com Sodoma e Gomorra é deliberada, visto que os progenitores dos povos moabitas e amonitas foram concebidos num incesto, no episódio bíblico seguinte ao da destruição dessas duas cidades (Gn 19.30-38). Ressalta-se a perda do verdor e da fertilidade mediante o contraste com urtigas ou espinheiros, poços de sal e assolação perpétua. Todos os três aspectos da comparação são extraídos do episódio das duas cidades: a vegetação (Gn 19.25; Dt 29.23), o sal (Gn 19.26; Dt 29.23) e a longa duração da desolação (Is 13.19,20; Jr 50.39,40).[17]

Segundo, a certeza de sua destruição (2.9a). *Portanto, tão certo como eu vivo, diz o SENHOR dos Exércitos, o Deus de Israel...* Deus jura por Si mesmo que o juízo virá sobre Moabe e Amom. Nenhuma força humana pode impedir o braço do Todo-poderoso Deus em Seu justo julgamento.

Terceiro, a causa de sua destruição (2.10,11). *Isto lhes sobrevirá por causa da sua soberba, porque escarneceram e se gabaram contra o povo do SENHOR dos Exércitos. O SENHOR será terrível contra eles, porque aniquilará todos os deuses da terra; todas as ilhas das nações, cada uma do seu lugar, o adorarão.* A soberba é uma afronta a Deus. Ele resiste ao soberbo. Declara guerra aos arrogantes. Quando alguém, de forma altiva, zomba do povo de Deus, acaba zombando do próprio Deus, pois ele tem zelo pelo Seu povo. Quem toca no povo de Deus, toca na menina dos olhos de Deus. O Senhor, também, tem zelo pela Sua própria glória e julga de forma firme a idolatria. Ele aniquilará todos os deuses falsos, pois só Ele é digno de adoração. É digno de destaque, como diz Palmer Robertson, que, depois da devastação de Judá e das nações vizinhas, ocorre um retorno ao culto celebrado ao Deus vivo. Anteriormente, o profeta indicara que um "remanescente" de seu povo seria preservado e possuiria o território das nações (2.7,9). Mas agora ele introduz um conceito novo. Os povos do mundo também deverão reconhecer a supremacia do Senhor. Não importa onde se encontrem, terão de oferecer sacrifício ao Senhor.[18]

Em terceiro lugar, *o julgamento sobre a Etiópia* (2.12). *Também, vós, ó etíopes, sereis mortos pela espada do* SENHOR. A Etiópia estava distante de Israel, mas o juízo de Deus também a alcança. Todas as nações e todos os homens estão debaixo do controle divino. Os mais poderosos e profanos estão sob o escrutínio do seu juízo. "Espada do Senhor" é uma expressão muito usada nas Escrituras. Essa espada aparece empunhada pelo príncipe do exército do Senhor enquanto Josué contemplava seu ataque contra Jericó (Js 5.13). Tornou-se o ponto central do grito de guerra de Gideão contra os midianitas (Jz 7.20). Nas visões apocalípticas de João, o Verbo de Deus brande sua espada afiada de dois gumes que atinge as nações (Ap 1.16; 2.12,16; 19.15,21). Como já afirmamos, alguns estudiosos entendem que a menção da Etiópia aqui seja uma referência ao Egito, uma vez que a Etiópia governou o Egito do ano 720 a.C. a 654 a.C., tempo imediatamente anterior à profecia de Sofonias. Mesmo sendo tão poderosos, eles não poderiam escapar da espada do Senhor.[19] Charles Feinberg corrobora esse pensamento dizendo que a Etiópia (Cuxe) está situada ao sul da primeira catarata do Nilo e governou o

Egito por sessenta e seis anos. O cumprimento dessa profecia ocorreu quando Nabucodonosor invadiu e conquistou o Egito.[20]

Em quarto lugar, *o julgamento sobre a Assíria* (2.13-15). O último a receber um pronunciamento profético de maldição foi a Assíria, conhecida na época como o colosso do mundo antigo. Sofonias começa de fora para dentro, da nação para sua capital. A Assíria já havia levado cativo o Reino do Norte, Israel, em 722 a.C. Agora, era uma ameaça a Judá, o Reino do Sul. Porém, as profecias de Jonas, Naum e Sofonias mostram que também esse grande império passará pelo justo julgamento divino. Matthew Henry está correto quando escreve: "A Assíria tinha sido a vara da ira de Deus contra Israel, e, agora, a Babilônia é a vara da ira de Deus contra a Assíria (Is 10.5)".[21]

Destacamos a seguir alguns pontos.

Primeiro, Nínive, a inexpugnável capital da Assíria, será abatida (2.13). *Ele* [Deus] *estenderá também a mão contra o Norte e destruirá a Assíria; e fará de Nínive uma desolação e terra seca como o deserto.* A Assíria dominou o mundo com grande truculência. Era um império expansionista, que pilhava as nações impiedosamente, matando com requintes de crueldade seus habitantes. Nínive era uma cidade poderosa, cercada por muralhas de 30 metros de altura, com mais de 1.200 torres de vigilância. Era uma cidade inexpugnável. Mas Deus estendeu a mão sobre a Assíria e fez de Nínive uma assolação. Palmer Robertson diz que, por volta do ano 410 a.C., Xenofontes passou pelo local onde estava situada a cidade de Nínive e não encontrou nem ao menos traços de sua existência nas areias mutantes do deserto. O juízo pronunciado por Sofonias cumpriu-se literalmente.[22]

Segundo, a ruína de Nínive será completa (2.14). *No meio desta cidade, repousarão os rebanhos e todos os animais em bandos; alojar-se-ão nos seus capitéis tanto o pelicano como o ouriço; a voz das aves retinará nas janelas, o monturo estará nos limiares, porque já lhe arrancaram o madeiramento de cedro.* A gloriosa cidade de Nínive se tornará habitação de animais e aves impuras. A cidade soberba se transformará em monturo. Sua ruína será completa e total. A cidade de Nínive despenca da autodivinização para a completa desolação.

Terceiro, a soberba Nínive será motivo de zombaria (2.15). *Esta é a cidade alegre e confiante, que dizia consigo mesma: Eu sou a única, e não há outra além de mim. Como se tornou em desolação, em pousada de animais! Qualquer que passar por ela assobiará com desprezo e agitará a mão.* Porque a soberba precede a ruína, a altivez dessa cidade megalomaníaca levou-a ao desastre. A rica cidade foi pilhada. A monumental cidade tornou-se desolada. Aquela que era temida pelos homens tornou-se motivo de zombaria das pessoas que por ela passavam. Concordo com Matthew Henry quando ele diz que Deus pode com os Seus juízos assustar os mais seguros, humilhar os mais arrogantes e acabar com a alegria daqueles que mais riem agora.[23]

A cidade de Nínive sentia-se inexpugnável. Estava embriagada com o vinho de sua soberba. Em estado de êxtase, arrotava profundo senso de segurança e autoconfiança. A cidade pensava que não dependia de ninguém e que não precisava de ninguém para se manter. Ao contrário, reunia dentro de seus muros as riquezas das nações espoliadas. Sua força militar e econômica, porém, não pôde livrá-la das mãos do Deus Todo-poderoso!

Notas

[1] FINK, Paul R. *Zephaniah*, p. 1081.
[2] HENRY, Matthew. *Comentário bíblico Antigo Testamento – Isaías a Malaquias*, p. 1141.
[3] FEINBERG, Charles L. *Os profetas menores*, p. 229.
[4] WOLFENDALE, James. *The preacher's complete homiletic commentary on the books of the minor prophets*, p. 538.
[5] ROBERTSON, Palmer. *Naum, Habacuque e Sofonias*, p. 364.
[6] FEINBERG, Charles L. *Os profetas menores*, p. 229.
[7] IBIDEM.
[8] ROBERTSON, Palmer. *Naum, Habacuque e Sofonias*, p. 366.
[9] WIERSBE, Warren W. *With the word*, p. 606.
[10] FEINBERG, Charles L. *Os profetas menores*, p. 230.
[11] WIERSBE, Warren W. *Comentário bíblico expositivo*, p. 528.
[12] ROBERTSON, Palmer. *Naum, Habacuque e Sofonias*, p. 361.
[13] IBIDEM, p. 376.
[14] BAKER, David W. *Sofonias*, p. 394.
[15] WOLFENDALE, James. *The preacher's complete homiletic commentary on the books of the minor prophets*, p. 542-543.
[16] ROBERTSON, Palmer. *Naum, Habacuque e Sofonias*, p. 380.
[17] BAKER, David W. *Sofonias*, p. 395.
[18] ROBERTSON, Palmer. *Naum, Habacuque e Sofonias*, p. 385.
[19] FINK, Paul R. *Zephaniah*, p. 1083.
[20] FEINBERG, Charles L. *Os profetas menores*, p. 232.
[21] HENRY, Matthew. *Comentário bíblico Antigo Testamento – Isaías a Malaquias*, p. 1145.
[22] ROBERTSON, Palmer. *Naum, Habacuque e Sofonias*, p. 390.
[23] HENRY, Matthew. *Comentário bíblico Antigo Testamento – Isaías a Malaquias*, p. 1145.

Capítulo 5

Deus julga os rebeldes do Seu próprio povo
(Sf 3.1-8)

Depois de tratar do juízo divino sobre os filisteus, os moabitas, os amonitas, os etíopes e os assírios, Deus volta sua atenção para o Seu próprio povo, a fim de anunciar o julgamento sobre a cidade de Jerusalém. A cidade de Jerusalém não é diferente das cidades pagãs. Está imersa nas mesmas transgressões. Sua devassidão, violência e rebeldia são notórias. Embora o nome da cidade de Jerusalém não seja citado explicitamente, o contexto deixa meridianamente claro que se trata de Jerusalém. Matthew Henry tem razão ao dizer que o Deus santo odeia o pecado naqueles que são os mais próximos a Ele, ou melhor, neles Ele odeia muito mais o pecado.[1]

Os pecados da cidade culpada aos olhos de Deus (3.1,2)

O profeta Sofonias escreve: *Ai da cidade opressora, da rebelde e manchada! Não atende a ninguém, não aceita disciplina, não confia no* SENHOR, *nem se aproxima do seu Deus* (3.1,2). O pecado é a sujeira que contamina pessoas e lugares, tornando-os abomináveis aos olhos de Deus. Paul Fink, examinando essa passagem, diz que a cidade de Jerusalém é acusada de não obedecer à voz de Deus, de não receber a correção de Deus, de não confiar no Senhor e de não se aproximar do Senhor.[2]

Destacamos a seguir alguns dos pecados dessa cidade:

Em primeiro lugar, *Jerusalém é acusada de ser opressora* (3.1). Opressão é atentar contra os direitos do próximo. É esmagar o fraco, tirando-lhe a vez e a voz. É torcer a lei para favorecer os poderosos. É agir com injustiça, fazendo as pessoas gemerem sob o tacão cruel dos poderosos.

Em segundo lugar, *Jerusalém é acusada de ser rebelde* (3.1). Jerusalém é rebelde porque não dá ouvidos às advertências divinas. Deus enviou a essa cidade profetas, mas estes foram mortos. Deus falou, mas o povo tapou os ouvidos para não obedecer aos mandamentos divinos. Jerusalém deixou de confiar no Senhor, para confiar em suas alianças políticas. Tirou os olhos de Deus para colocá-los naqueles que vieram a ser os seus opressores.

Em terceiro lugar, *Jerusalém é acusada de devassidão moral* (3.1). Jerusalém é uma cidade manchada de crimes, roubos, violência e prostituição. A cidade está maculada, suja, revolvendo-se no pântano pestilento da iniquidade. Jerusalém, que tinha o papel de ser o remédio divino para as nações, tornou-se sua pior enfermidade.

Em quarto lugar, *Jerusalém é acusada de fazer-se surda às advertências* (3.2). A cidade não ouviu a voz de Deus, por meio de seus profetas. A lei de Deus foi esquecida. Os mensageiros de Deus foram perseguidos. Deus falou muitas vezes, de várias maneiras, mas o povo se fez de surdo.

Em quinto lugar, *Jerusalém é acusada de rejeitar a disciplina* (3.2). Deus disciplina a quem ama, mas o povo de Jerusalém endureceu sua cerviz em vez de se humilhar sob a poderosa mão de Deus. O sol da justiça endureceu o coração do povo em vez de derretê-lo como cera.

Em sexto lugar, *Jerusalém é acusada de incredulidade* (3.2). Jerusalém não confiou no Senhor. Confiou no seu próprio poder. Confiou na sua riqueza. Confiou na sua religiosidade vazia. Mas não confiou no Senhor.

Em sétimo lugar, *Jerusalém é acusada de afastar-se do Senhor* (3.2). O profeta Jeremias já havia denunciado que Israel cometeu dois pecados: deixou a Deus, o manancial de águas vivas, e cavou cisternas rotas que não retêm as águas. Aqui Sofonias diz que Jerusalém não se aproxima do seu Deus. Virou as costas ao Deus da aliança. Rejeitou o único que poderia lhe restaurar a sorte. Deixou de cultuar a Deus, fazer-Lhe súplicas, buscar Seu conselho, dedicar-Lhe ofertas e expressar-Lhe louvor.

Em oitavo lugar, *Jerusalém sofre a pesada sentença divina* (3.1). *Ai da cidade...* Jerusalém está debaixo do juízo divino. Porque não escutou a voz da graça, está recebendo o chicote da pesada disciplina. Palmer Robertson explica que o "ai" profético pronunciado sobre Jerusalém encontra eco solene nos sete "ais" que Cristo pronunciou sobre os escribas e fariseus de seu tempo (Mt 23.13-36). Sua denúncia se encerra muito bem com uma vívida descrição da ruína de Jerusalém (Mt 23.37-39).[3]

A liderança da cidade é culpada aos olhos de Deus (3.3,4)

O profeta Sofonias denuncia os líderes civis e religiosos. Tanto o poder político como o judiciário estão contaminados. Tanto os profetas que falam ao povo em nome de Deus como os sacerdotes que representam os homens diante de Deus são culpados. Matthew Henry solenemente escreve:

> Deus usou vários métodos para com eles, para reavê-los, mas foi tudo em vão; eles não foram convencidos por métodos suaves, e nem métodos severos surtiram qualquer efeito sobre eles, pois levantaram de madrugada e corromperam todas as suas obras; eles estavam mais resolutos e mais ávidos em seus maus caminhos do que nunca, mais cuidadosos e preocupados em satisfazer as suas concupiscências, e não deixavam passar nenhuma oportunidade de satisfazê-las. Deus se levantou de madrugada e lhes enviou os seus profetas, para restituí-los e recuperá-los, mas eles se levantaram antes, para fechar e trancar a porta contra eles.[4]

Vejamos.

Em primeiro lugar, *seus príncipes são cruéis* (3.3). Os príncipes empregaram a força bruta para devorar os fracos. Em vez de cuidar dos pobres, eles os oprimiam. Em vez de apascentar o povo, como pastores do rebanho, como leões esfaimados, comiam-lhe a carne.

Em segundo lugar, *seus juízes são corruptos* (3.3). Os juízes que tinham o dever de aplicar a lei, fazer justiça e evitar a opressão, tornaram-se os agentes da mais gritante injustiça e opressão, pelo fato de serem os maiores transgressores da lei. Como lobos da noite com fome insaciável, saltavam sobre suas vítimas indefesas e as devoravam num só dia. Sofonias, sem rodeios, denuncia corajosamente a ganância insaciável dos juízes.

Em terceiro lugar, *seus profetas são infiéis* (3.4). Os profetas pecavam ainda mais gravemente, pois, mesmo sonegando ao povo a palavra de Deus, agiam como se fossem fiéis (Dt 18.20). Esses profetas foram levianos e pérfidos. Nas palavras de Palmer Robertson, eles agiam e falavam acobertados por seu ofício, como um meio de alcançar seus próprios desígnios.[5]

Em quarto lugar, *seus sacerdotes são impuros* (3.4). Cabia aos sacerdotes a sagrada função de distinguir para o povo o que era sagrado e o que era profano (Lv 10.10). Assim, o povo era impedido de confundir o Criador com a criação. Esses sacerdotes, entretanto, profanaram o templo e violaram a lei, as coisas mais sagradas do culto. O culto foi profanado por causa deles.

As intervenções de Deus na história tornam o Seu povo ainda mais culpado (3.5-8)

Destacamos a seguir algumas solenes verdades:

Em primeiro lugar, *o caráter justo de Deus torna o Seu povo mais culpado* (3.5). *O Senhor é justo, no meio dela; ele não comete iniquidade; manhã após manhã, traz ele o seu juízo à luz; não falha; mas o iníquo não conhece a vergonha.* A fidelidade constante e imutável de Deus põe a desnudo a inconstância do povo da aliança. Enquanto os líderes e os liderados chafurdam no pecado, Deus permanece sempre justo e sempre fiel a Si mesmo e à Sua aliança.

Em segundo lugar, *as ações justas do julgamento de Deus sobre outras nações tornam o Seu povo mais culpado* (3.6). *Exterminei as nações, as suas torres estão assoladas; fiz desertas as suas praças, a ponto de não haver quem passe por elas; as suas cidades foram destruídas, de maneira que não há ninguém, ninguém que as habite.* Deus executou o Seu juízo sobre as nações ao redor de Judá. Fez o mesmo aos povos de longe. Abateu reinos poderosos e transformou em deserto cidades populosas. Judá não aprendeu com as ações de Deus na vida dos outros povos; ao contrário, praticou os mesmos pecados, tornando-se assim duplamente culpado.

Em terceiro lugar, *a rebeldia do povo de Deus e seu açodamento no pecado o tornaram ainda mais culpado* (3.7). *Eu dizia: certamente, me temerás e aceitarás a disciplina, e, assim, a sua morada não seria destruída, segundo o que havia determinado; mas eles se levantaram de madrugada e corromperam todos os seus atos.* O povo de Deus não o temeu ao ver seu juízo sobre as nações. Em vez de aprender com os pecados das nações, arrependendo-se, eles endureceram o coração e não aceitaram a disciplina divina. Em vez de fugir do pecado, o povo diligente da aliança teve pressa para se corromper em seus atos.

Em quarto lugar, *o julgamento do povo de Deus está relacionado com o dia final para todas as nações* (3.8). *Esperai-me, pois, a mim, diz o* SENHOR, *no dia em que eu me levantar para o despojo; porque a minha resolução é ajuntar as nações e congregar os reinos, para sobre eles fazer cair a minha maldição e todo o furor da minha ira; pois toda esta terra será devorada pelo fogo do meu zelo.* Palmer Robertson diz que a calamidade universal acompanhará a devastação de Jerusalém.[6] No seu sermão profético, Jesus entrelaça os terrores da vinda do juízo divino no fim dos tempos com a destruição de Jerusalém (Lc 21.20-22). Palmer Robertson ainda esclarece:

A destruição de Jerusalém em 70 d.C. antecipou o grande Dia do Senhor que consumará seus juízos da mesma maneira que ocorreu na destruição de Jerusalém em 586 a.C. Da mesma forma que na profecia de

Sofonias, também na profecia de Jesus, o juízo de Deus sobre Jerusalém inevitavelmente antecipa a devastação final das nações.[7]

O Dia do Senhor vem, e ele não tardará. A ordem divina é: esperai!

Notas

[1] HENRY, Matthew. *Comentário bíblico Antigo Testamento – Isaías a Malaquias*, p. 1145.
[2] FINK, Paul R. *Zephaniah*, p. 1083.
[3] ROBERTSON, Palmer. *Naum, Habacuque e Sofonias*, p. 401.
[4] HENRY, Matthew. *Comentário bíblico Antigo Testamento – Isaías a Malaquias*, p. 1147.
[5] ROBERTSON, Palmer. *Naum, Habacuque e Sofonias*, p. 399.
[6] IBIDEM, p. 406.
[7] IBIDEM.

Capítulo 6

Deus purifica o Seu remanescente
(Sf 3.9-13)

O PROFETA SOFONIAS introduz uma nova dimensão em sua mensagem. Depois de descrever a reunião final das nações no Dia do Senhor para o juízo, quando Jerusalém foi capturada e seu povo, disperso, agora Sofonias descreve a formação de uma nova comunidade de povo santo. Esse remanescente restaurado consiste não só em um grupo purgado e purificado de Israel (3.11-13), mas em pessoas oriundas de todas as nações para cultuarem o único Deus vivo e verdadeiro (3.9,10).[1]

Matthew Henry diz corretamente que, por meio do evangelho de Cristo anunciado a toda criatura, todas as nações são convocadas a comparecer em um corpo diante do Senhor Jesus.[2] Isaltino Gomes corrobora a ideia afirmando que o contexto dessa profecia aponta para uma época nova, que excederá o que sucedeu com o retorno do cativeiro babilônico.[3] Os tempos aqui propostos só vieram a se cumprir com o advento do evangelho. O Concílio de Jerusalém em Atos 15 é que deu à igreja nascente a visão de envolver homens e mulheres de todas as raças, em flagrante oposição ao judaísmo, com sua miopia racial e étnica.

Destacamos alguns pontos importantes a seguir:

A reunião dos remanescentes procedentes de todos os povos (3.9,10)

O julgamento divino dispersou o Seu povo, mas ele será restaurado com os gentios para Deus novamente. Os gentios se converterão, e todos serão purificados e usados no serviço divino. J. Sidlow Baxter diz corretamente que, aqui, o profeta não está apenas olhando *para dentro*, para Jerusalém e para Judá, nem *em volta*, para as outras nações; ele contempla *além*, para uma época de cura e de bênção que virá a Israel e a todos os outros povos também, depois que os dias do juízo cumprirem seus propósitos. A passagem começa assim: *Então, darei lábios puros aos povos, para que todos invoquem o nome do Senhor e o sirvam de comum acordo.*[4]

Na mesma linha de pensamento, David Baker diz que o juízo ígneo será ministrado com justiça sobre todos os povos, mas não para aniquilamento completo deles (3.8). Ao contrário, será para purificação das nações (3.9,10). Jesus formou um povo formado por todas as raças e povos da terra (Ap 5.9,10). Um remanescente justo dentre o próprio povo de Deus permanecerá após a remoção da escória do pecado e da rebelião (3.11-13). O profeta convoca o povo a rejubilar-se nessa graça (3.14-17), que é ministrada exclusivamente pelo próprio Iavé (3.18-20).[5] Concordo com Isaltino Gomes quando ele diz que a conversão das nações não seria a rendição dessas nações a Judá, mas ao seu Deus, ao seu Messias. É dele a glória, e não de Judá.[6]

Destacamos a seguir alguns pontos.

Em primeiro lugar, *os gentios serão santificados pelo Senhor* (3.9). *Então, darei lábios puros aos povos, para que todos invoquem o nome do Senhor e o sirvam de comum acordo.* A expressão *lábios puros* aqui não se refere a uma língua universal, revertendo o efeito de Babel, como alguns eruditos sugerem, nem aos dons carismáticos, mas a lábios purificados da idolatria, que agora adoram a Deus com integridade.[7]

O profeta Sofonias destaca aqui três pontos, como vemos a seguir:

Primeiro, os gentios serão puros em sua linguagem. Eles terão lábios puros. Mas não são eles mesmos que se purificam. É o Senhor quem limpa seus lábios e lhes dá uma nova comunicação. A graça que converte, essa mesma refina também a linguagem. A língua deles será purificada de toda profanação, imundícia e falsidade. Como a fala é símbolo da condição interior, pois a boca fala do que está cheio o coração, a promessa fala de uma transformação real e profunda (Is 6.5-7).

Segundo, os gentios serão sinceros em sua adoração. Eles serão santificados para invocarem o nome do Senhor. Lábios santos prestam um culto santo ao Senhor. Em vez de sacrifício e incenso, eles invocarão o nome do Senhor. Estou de acordo com o que escreve Matthew Henry: "A oração é a oferta espiritual com a qual Deus deve ser honrado".[8]

Terceiro, os gentios serão unidos em seu culto a Deus. Eles servirão a Deus de comum acordo. A parede de separação entre judeus e gentios foi derrubada pelo sangue de Cristo. Agora, somos um só povo, um só rebanho, uma só família, adorando a Deus em comum acordo.

Em segundo lugar, *os gentios serão reunidos pelo Senhor* (3.10). *Dalém dos rios da Etiópia, os meus adoradores, que constituem a filha da minha dispersão, me trarão sacrifícios.* Os rios da Etiópia são braços do Nilo: o Atbara, o Astasobas, o Nilo Azul e o Nilo Branco.[9] Povos outrora pagãos se converterão ao Senhor. Aqueles que adoravam outros deuses trarão agora sacrifícios ao Senhor. Onde quer que estejam, mesmo além dos rios da Etiópia, uma grande distância da sua casa de oração, Deus mantém o Seu olhar sobre eles e os Seus ouvidos abertos para eles. Eles se tornarão Seus zelosos adoradores. Com a restauração de Israel, chegará a plenitude dos gentios.

A restauração dos remanescentes (3.11-13)

Aqui Sofonias descreve as lindas características e condições do Israel restaurado. Esses predicados são comuns ao povo de Deus, como podemos ver a seguir.

Em primeiro lugar, *sua bem-aventurada condição* (3.11, 13). *Naquele dia, não te envergonharás de nenhuma das tuas obras, com que te rebelaste contra mim; então, tirarei do meio de ti os que exultam na sua soberba, e tu nunca mais te ensoberbecerás no meu santo monte...* Destacamos aqui alguns pontos.

Primeiro, Deus perdoará completamente seus pecados. Eles não sofrerão mais pelo peso da culpa de seus pecados. O perdão de Deus trará para eles pleno descanso. Matthew Henry escreve: "Sendo a culpa do pecado tirada através da misericórdia que perdoa, a sua reprovação será removida da própria consciência do pecador; esta será purificada, pacificada e limpa das obras mortas".[10]

Segundo, Deus vai livrá-los de todo sentimento de soberba. Deus mesmo tirará do meio do Seu povo todo aquele que engrandecer a si mesmo e exultar em sua soberba. Matthew Henry diz que, quando os caldeus levaram os judeus para o cativeiro, eles deixaram os pobres da terra como vinhateiros e lavradores, um tipo e figura do remanescente notável de Deus, a quem ele separa para Si mesmo. Deus escolheu os pobres (Tg 2.5), os que não são, para envergonhar os que são. Esses são o remanescente pela eleição da graça (Rm 11.4,5).

Terceiro, Deus vai livrá-los de seus orgulhosos opressores (3.13). *... porque serão apascentados, deitar-se-ão, e não haverá quem os espante.* Eles eram um povo especialmente protegido por Deus. Esse remanescente será abençoado com pureza e paz.

Em segundo lugar, *seu bem-aventurado caráter* (3.12, 13a). Destacamos a seguir alguns pontos.

Primeiro, eles serão um povo modesto e pequeno (3.12). Mesmo sendo um povo modesto, eles são preciosos aos olhos do Senhor. No reino de Deus, a pirâmide está invertida. Felizes são os humildes, os que choram, os mansos, os que têm fome e sede de justiça, os misericordiosos, os limpos de oração, os pacificadores e os que são perseguidos por causa da justiça.

Segundo, eles serão um povo humilde de espírito (3.12). A humildade é a porta de entrada no Reino. A soberba não tem espaço na vida do povo de Deus, porque Deus resiste aos soberbos. Pela soberba, o anjo de luz foi expulso do céu. Pela soberba, nossos pais caíram no Éden. Pela soberba, os homens são privados da salvação.

Terceiro, eles serão um povo dependente de Deus (3.12). Eles serão um povo que não confia na força do braço da carne, nem no poder político, nem na riqueza, mas no Senhor. O povo de Deus reconhece que sua força vem do Senhor. É Ele quem perdoa e salva. É Ele quem liberta e consola. É Ele quem dá a vitória e conduz em triunfo.

Em quarto lugar, *será um povo de vida íntegra* (3.13a). *Os restantes de Israel não cometerão iniquidade, nem proferirão mentira, e na sua boca não se achará língua enganosa...* A santidade é a marca do povo de Deus. Fomos salvos *do* pecado, e não *no* pecado. Andamos em novidade de vida, e não mais nas práticas vergonhosas de outrora. Deleitamo-nos não mais no pecado, mas em Deus. Ele, e não os deleites desta vida, é o nosso prazer. Na sua presença, e não nos banquetes do pecado, encontramos plenitude de alegria.

Notas

[1] ROBERTSON, Palmer. *Naum, Habacuque e Sofonias*, p. 408.
[2] HENRY, Matthew. *Comentário bíblico Antigo Testamento – Isaías a Malaquias*, p. 1147.
[3] COELHO FILHO, Isaltino Gomes. *Os profetas menores II*. 2002, p. 112-113
[4] BAXTER, J. Sidlow. *Examinai as Escrituras – Ezequiel a Malaquias*, p. 249.
[5] BAKER, David W. *Sofonias*, p. 404.
[6] COELHO FILHO, Isaltino Gomes. *Os profetas menores II*, p. 115.
[7] MACDONALD, William. *Nahum*, p. 1150.
[8] HENRY, Matthew. *Comentário bíblico Antigo Testamento – Isaías a Malaquias*, p. 1148.
[9] FEINBERG, Charles L. *Os profetas menores*, p. 237.
[10] HENRY, Matthew. *Comentário bíblico Antigo Testamento – Isaías a Malaquias*, p. 1148.

Capítulo 7

Deus tem prazer em Seu povo
(Sf 3.14-20)

SOFONIAS INICIA A SUA PROFECIA com uma das cenas mais dramáticas do juízo divino, a qual, como uma tempestade, atinge toda a terra, começando com o mundo animal e indo até os homens mais poderosos. A criação é subvertida, e as nações da terra são convocadas para o grande Dia do Senhor. Mas Sofonias encerra sua profecia com uma das cenas mais encantadoras da graça de Deus, na qual o Senhor e Seu povo redimido alcançam os pontos culminantes do amor e da alegria. Matthew Henry diz que, depois das promessas de retirada do pecado, aqui se seguem promessas da retirada da aflição; porque, quando a causa for removida, o efeito cessará. Aquilo que torna um povo santo o tornará, consequentemente, feliz.[1]

O texto em tela revela essa cena do prazer de Deus em Seu povo. Destacamos a seguir algumas verdades sublimes.

Uma convocação à plena alegria (3.14)

Três declarações descrevem esse povo: *filha de Sião, Israel* e *filha de Jerusalém*. A ordem é cantar e rejubilar, regozijar-se de todo o coração e exultar. Assim escreve o profeta: *Canta, ó filha de Sião; rejubila, ó Israel; regozija-te e, de todo o coração, exulta, ó filha de Jerusalém* (3.14). O tempo da disciplina acabou. Agora, chegou a plena restauração. Raiou a alegria plena em Deus. A alegria do resgate, do perdão e do livramento dos inimigos. O povo de Deus não precisa mais temer. Sua convocação agora é para a alegria, mas não uma alegria com espíritos vacilantes e desfalecidos, e sim uma alegria de todo o coração. Nas palavras de Palmer Robertson, "o profeta salta do vale da escuridão para o reino da graça".[2]

Por compreender que a igreja de Deus é uma só, tanto no Antigo como no Novo Testamentos, essa profecia não se restringe a Israel, mas alcança toda a igreja.

Uma declaração do favor divino (3.15,16)

Assim escreve Sofonias: *O Senhor afastou as sentenças que eram contra ti e lançou fora o teu inimigo. O Rei de Israel, o Senhor, está no meio de ti; tu já não verás mal algum. Naquele dia, se dirá a Jerusalém: Não temas, ó Sião, não se afrouxem os teus braços* (3.15,16). Cinco verdades solenes são destacadas aqui.

Em primeiro lugar, *o julgamento é removido* (3.15a). O imutável amor de Deus para com Seu povo não pode repousar alheio a uma redenção completa, a despeito da necessidade de punição pelos pecados.[3] Estou de acordo com o que diz Matthew Henry: "Se eles precisarem de correção, cairão nas mãos do Senhor, cujas misericórdias são grandes, e não cairão mais nas mãos do homem, cujas ternas misericórdias são, na realidade, cruéis".[4]

Em segundo lugar, *os inimigos são subjugados* (3.15b). O Senhor prometeu a Abraão que ele iria possuir o portão de seus inimigos (Gn 22.17). Essa também foi a promessa feita à tribo de Judá (Gn 49.8). Entre as bênçãos do pacto, uma era a fuga dos seus inimigos (Dt 28.7). Agora, Sofonias declara que todos os inimigos estão batendo em retirada. A igreja é vitoriosa. As portas do inferno não prevalecerão contra ela (Mt 16.18). Nenhum poder neste mundo nem no vindouro pode derrotar a igreja de Deus (Rm 1.31-39).

Em terceiro lugar, *Deus é entronizado no meio do Seu povo* (3.15c). O Rei de Israel, o Senhor, está no meio do Seu povo. Ele é sol e escudo, dá graça e glória (Sl 84.11). Estamos escondidos com Cristo em Deus (Cl 3.3). Ele habita conosco, e nós habitamos nEle. Sua presença conosco é nossa alegria e também nossa segurança.

Em quarto lugar, *o medo é vencido* (3.16a). A presença de Deus no meio do povo é sua garantia de segurança e a marca de sua própria identidade (Nm 23.21). Nenhum mal pode nos atingir, pois estamos guardados por Ele, protegidos por Sua mão onipotente.

Em quinto lugar, *o encorajamento é dado* (3.16b). O que dá segurança ao povo de Deus não é apenas a ausência de perigo, mas, sobretudo, a presença do Senhor. Se Deus está presente conosco, não precisamos temer (Sl 23.4). Se Deus é por Seu povo, ninguém poderá derrotá-lo (Rm 8.31).

Uma evidência do prazer de Deus em Seu povo (3.17)

Agora o profeta se move rumo ao "santo dos santos", alcançando o pináculo de sua descrição do amor de Deus, ao dizer: *O Senhor, teu Deus, está no meio de ti, poderoso para salvar-te; ele se deleitará em ti com alegria; renovar-te-á no seu amor, regozijar-se-á em ti com júbilo* (3.17). Concordo com Palmer Robertson quando ele diz que esse versículo é o João 3.16 do Antigo Testamento.[5]

Destacamos a seguir cinco verdades:

Em primeiro lugar, *a presença de Deus no meio do Seu povo é a fonte de sua restauração. O Senhor Deus, está no meio de ti...* O mesmo Deus que esteve no meio do Seu povo para aplicar o juízo (3.5), entregando Jerusalém nas mãos dos caldeus, para um amargo cativeiro, agora traz o Seu povo de volta, restaura-o e coloca-se em seu meio, como sua fonte restauradora (3.17). A maior necessidade da igreja ainda hoje é da presença manifesta de Deus em seu meio. É o senso dessa presença que traz alento para a igreja. É a consciência dessa gloriosa presença que aquece o nosso coração e reaviva a nossa alma.

Em segundo lugar, *não há circunstância tão adversa que Deus não possa reverter com Seu imenso poder. ... poderoso para salvar-te...* Foi Deus quem tirou o Seu povo da amarga escravidão e o trouxe de volta à sua terra (Sl 126.1-3). É Deus quem poderosamente nos liberta da escravidão do pecado (Jo 8.32). É Ele quem quebra nossas algemas e rompe nossos grilhões. Não é o fraco braço da carne que nos traz salvação, mas o braço onipotente de Deus. Ele planejou, executa e consumará a nossa plena redenção. Sua graça é maior do que o nosso pecado. Nenhuma coisa é demasiadamente difícil para Ele.

Deus tem prazer em Seu povo

Em terceiro lugar, *a restauração do povo de Deus traz alegria ao próprio coração de Deus. ... ele se deleitará em ti com alegria...* Quando o povo de Deus se volta para ele em arrependimento, Deus Se volta para Seu povo em graça e misericórdia, oferecendo-lhe perdão e restauração. Deus Se deleita em nós quando nós temos prazer nEle. Deus Se deleita em nós com alegria quando Ele mesmo é a fonte dessa alegria. A salvação de Deus dada a nós traz glória ao próprio nome de Deus. Matthew Henry está certo ao dizer que a conversão dos pecadores e a consolação dos santos são a alegria dos anjos, porque eles são a alegria do próprio Deus. A igreja deve ser a alegria de toda a terra (Sl 48.2), pois ela é a alegria de todo o céu.[6]

Em quarto lugar, *a renovação que Deus opera na vida do Seu povo é fruto de Seu acendrado amor. ... renovar-te-á no Seu amor...* O amor de Deus é eterno, imerecido e provado. Porque Deus nos ama com amor eterno, Ele nos atrai para Si com cordas de amor. Porque Deus nos ama de forma imerecida, Ele nos oferece Sua graça, sendo nós merecedores de Seu castigo. É o amor de Deus que nos renova. Quanto mais reconhecemos o amor de Deus por nós, mais nos consagramos a Ele e mais deleite Ele tem em nós. Fugimos do pecado e buscamos a santidade não apenas por medo do juízo, mas, sobretudo, porque queremos agradar o coração de Deus, o Pai de misericórdias e Deus de toda a consolação.

Em quinto lugar, *o deleite de Deus em Seu povo é de puro júbilo. ... regozijar-se-á em ti com júbilo.* Deus tem mais prazer em Seu povo, quanto mais seu povo se regozija nEle. Deus nos aceita no Amado. Ele Se alegra com Seu povo como um noivo se alegra com sua noiva. Somos a herança de Deus, os filhos de Deus, os herdeiros de Deus, a menina dos olhos de Deus, a delícia de Deus. Ele nos deu vida. Ele nos adotou em

Sua família. Ele preparou para nós um lugar do gozo inefável. Desfrutaremos de Sua presença pelo desdobrar da eternidade. Glorificá-lo-emos e fruiremos Sua presença pelos séculos sem fim. Oh, graça imensa! Oh, amor eterno! Oh, salvação bendita! Nas palavras de Matthew Henry, "Deus não apenas ama os seus santos, mas ama amá-los. Ele se agrada por tê-los como objetos de seu amor".[7]

Não mais tristeza, mas reunião para uma celebração jubilosa (3.18)

Nessa seção final, o profeta volta ao discurso na primeira pessoa. A voz de Deus fala diretamente a Seu povo: *Os que estão entristecidos por se acharem afastados das festas solenes, eu os congregarei, estes que são de ti e sobre os quais pesam opróbrios* (3.18). O profeta faz aqui uma referência ao remanescente cujo coração está apegado ao culto ao Senhor. Porque a cidade de Jerusalém foi destruída, porque o templo foi arrasado, porque as festas foram interrompidas, eles foram privados daquilo que lhes dava a maior alegria: adorar ao Senhor (Lm 1.4). Deus aqui promete levar esses cativos de volta para restaurar-lhes a sorte. Deus promete reverter os processos da dispersão.

Os pranteadores que foram dispersos de Jerusalém e sobre os quais pesavam o opróbrio, o opróbrio de ver as nações gentílicas zombando deles diante de seu cerco, de seu saque e de sua dispersão são agora restaurados à sua terra e ao seu culto. O profeta Jeremias descreveu essa tristeza (Lm 1.12), a tristeza de ser privado da presença do Senhor. Jesus descreveu Sua profunda angústia no Getsêmani, a angústia de ser desamparado pelo Pai (Mt 26.38). Jesus ainda sentiu tristeza por antever as calamidades que sobrevieram à cidade de Jerusalém (Lc 19.41-44).

Agora, Sofonias está falando sobre o livramento que virá ao povo que anseia pela presença de Deus, pelo culto divino, pelo livramento que virá e está além das devastações provindas do Senhor. Todas aquelas tristezas se desvanecerão.[8]

Uma gloriosa e completa restauração (3.19,20)

A restauração do povo de Deus é uma obra soberana de Deus. O Senhor é o agente da ação. Destacamos aqui dois pontos.

Em primeiro lugar, *a restauração é absolutamente certa em sua realização* (3.19). *Eis que, naquele tempo, procederei contra todos os que te afligem; salvarei os que coxeiam, e recolherei os que foram expulsos, e farei deles um louvor e um nome em toda a terra em que sofrerem ignomínia.* O que Deus começa, ele termina. Quando Ele faz, ninguém pode impedir Sua mão de fazer. Quando Ele restaura o Seu povo, ninguém pode frustrar essa obra. Três coisas são pontuadas pelo profeta, como vemos a seguir.

Primeiro, a restauração não pode ser impedida por inimigos externos (3.19a). Os povos que oprimiram, não oprimirão mais. Aqueles que foram a vara da ira de Deus para disciplinar seu povo, agora estão sob disciplina. Quando Deus defende Seu povo, ninguém pode destruí-lo (Rm 8.31).

Segundo, a restauração não pode ser frustrada por fraquezas internas (3.19b). Deus salva o coxo que é fraco; Deus traz de volta e recolhe o que foi expulso.

Terceiro, a restauração é notória em toda a terra (3.19c). Aqueles que foram julgados diante dos olhos das nações são agora restaurados e feitos objetos de louvor em toda a terra. Deus mesmo colocará honra sobre Seus filhos, que receberão respeito de todos à sua volta.

Em segundo lugar, *a restauração é plenamente gloriosa em seu caráter* (3.20). *Naquele tempo, eu vos farei voltar e vos recolherei; certamente, farei de vós um nome e um louvor entre todos os povos da terra, quando eu vos mudar a sorte diante dos vossos olhos, diz o* SENHOR. Três verdades são aqui destacadas, como vemos a seguir.

Primeiro, a restauração é uma obra da ação soberana de Deus (3.20a). É Deus quem faz voltar. É Deus quem recolhe. É Deus quem faz do Seu povo um nome e um louvor entre todos os povos da terra. Deus chama, liberta, salva e promove o Seu povo. A salvação é planejada, executada e consumada por Deus. Tudo provém de Deus para que toda a glória seja dada a Deus.

Segundo, a restauração é uma obra completamente realizada no curso da história (3.20a). Foi Deus quem quebrou os grilhões do cativeiro e trouxe Seu povo de volta. É Deus quem chama eficazmente cada um das trevas para a luz.

Terceiro, a restauração é evidentemente percebida pelo próprio povo de Deus (3.20b). Deus muda a sorte do Seu povo não apenas diante dos olhos das nações, mas diante de seus próprios olhos. A igreja será honrada (Et 8.7; Zc 8.23). Nessa mesma linha de pensamento, Matthew Henry diz que assim será a igreja universal dos primogênitos no grande dia, quando os santos serão reunidos em Cristo, para que Ele possa ser admirado e glorificado neles, e para que eles se sintam admirados e glorificados nEle diante dos anjos e dos homens. Então o Israel de Deus receberá um nome e um louvor que permanecerão eternamente.[9]

Concluo com as palavras oportunas de Palmer Robertson:

> O livro de Sofonias termina onde começou. O profeta abriu com uma cena de derrocada cataclísmica. A ordem total do cosmos seria

revertida pelo juízo do grande Dia do Senhor. O profeta fecha com outra cena de alcance universal. A terra será reconstituída na gloriosa nova ordem concretizada pelo regresso à terra em proporções nunca jamais vistas. A bênção última, na aliança, junta-se à maldição última para consumar a totalidade do processo histórico.[10]

Notas

[1] Henry, Matthew. *Comentário bíblico Antigo Testamento – Isaías a Malaquias*, p. 1149.
[2] Robertson, Palmer. *Naum, Habacuque e Sofonias*, p. 419.
[3] Ibidem.
[4] Henry, Matthew. *Comentário bíblico Antigo Testamento – Isaías a Malaquias*, p. 1149.
[5] Robertson, Palmer. *Naum, Habacuque e Sofonias*, p. 423.
[6] Henry, Matthew. *Comentário bíblico Antigo Testamento – Isaías a Malaquias*, p. 1150.
[7] Ibidem.
[8] Robertson, Palmer. *Naum, Habacuque e Sofonias*, p. 429.
[9] Henry, Matthew. *Comentário bíblico Antigo Testamento – Isaías a Malaquias*, p. 1150.
[10] Robertson, Palmer. *Naum, Habacuque e Sofonias*, p. 432.

Sua opinião é importante para nós. Por gentileza, envie seus comentários pelo e-mail editorial@hagnos.com.br

Visite nosso site: www.hagnos.com.br

Esta obra foi impressa na Imprensa da Fé.
São Paulo, Brasil.
Verão de 2021.